好神引導，一拜見效。

王品豊（ㄌㄧˇ）著

暢銷書《這樣拜才有效》及《這樣拜才有錢》作者最新力作

找到本命引導神當靠山，有神相助，拜拜更靈驗！

你是不是覺得同樣照著步驟拜，為什麼別人有效我卻沒效？為什麼老天爺好像都沒聽到你的祈求？為何拜了這麼久運勢還是不開？那是因為你還沒找到自己的引導神！

拜拜要有效，除了必備「**三心**」：誠心、耐心、懺悔心之外，最重要的，是先找到自己的本命引導神。**引導神就是今生運勢的守護神**，**本書教你如何接引引導神**、**請祂助你與神溝通**、**協調**、**消業力**，求財、求姻緣、求貴人、求事業才能事半功倍、如有神助！

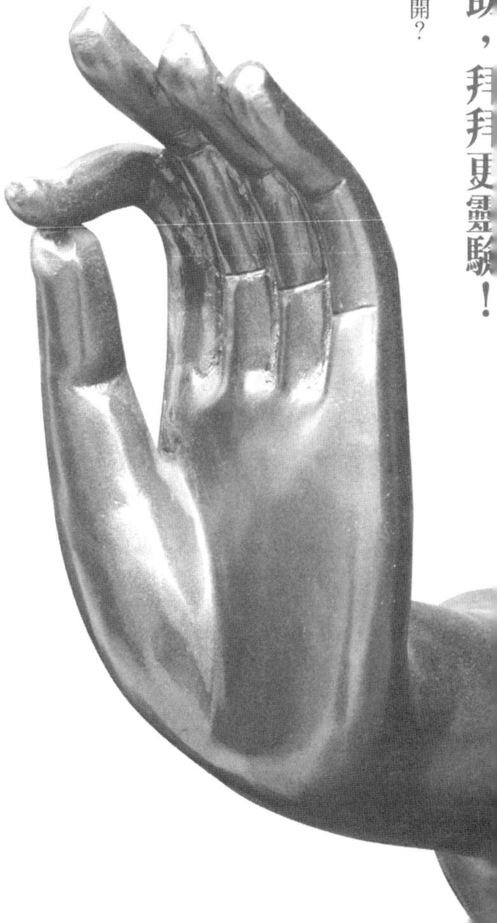

本書介紹

台灣北中南
求事業、財運、貴人、姻緣
共99間靈驗廟宇，
告訴你怎麼求、怎麼準備、怎麼拜，
讓你如有神助，越拜越靈驗！

作者序
重返聖誕老人的童話森林

在孩提時候，不管有沒有收到過聖誕老人的禮物，天眞單純的小孩總是相信這個世界上一定存在著聖誕老人。聖誕老人會在白雪紛飛的夜晚，駕著麋鹿雪橇車，把禮物投進每一戶人家的煙囪，睡夢中的小孩會在天明醒來時，看見聖誕老人的禮物高掛在佈滿聖誕燈的聖誕樹上。

當小孩慢慢長大成人，知識與常識讓他們覺知到現實的環境中，根本沒有眞正的聖誕老人，雖然有被騙的感覺，但仍充滿著兒時的記憶與懷想，即使被騙了，聖誕老人依然是午夜睡夢中最美的夢之一。

聖誕老人眞的消失了嗎？不，他繼續活在每一個小孩的天眞夢想中，這個世界上只要小孩未曾消失，聖誕老人也就依然活躍在每一年的聖誕節，因爲小孩單純的思想，延續了聖誕老人的生命力。

但在大人的世界裡，人們不再相信現實世界中的神話，大家忙於追求金錢、權力、物質、欲望等等，在競逐的過程中有的人成功有的人失敗，成功者認爲人定勝天心想事成，失敗者或可再起直追或者一蹶不振，對於自認回天乏術的人開始期待神蹟，再次想到童話裡的聖誕老人，期待他再次踏著雪橇回返無所不能的童話異想世界。

我也曾經在窮困潦倒、一籌莫展時，熱切渴望在蒼茫人海中，有那麼一塊從遠方飄來的浮木，能讓我浮沉孽海不致被惡浪所吞噬，甚至獲得救贖爭取上岸的生機。然而在那幾年中，我一直等不到聖誕老人的駕臨，後來才慢慢地體會出聖誕老人只能存在於孩提的天眞爛漫中，卻無法在眞實的大人世界裡，以救世主的風采呈現。

那時，心中逐漸有一道越來越清晰的聲音告訴我：宇宙中存在著一種專屬於你的力量，這股力量始終不曾消泯，只是靜靜等待著你前去擷取。一開始我不斷質疑這種聲音是來自於身遭逆途的反射，但這聲音不停的反覆出現，彷彿生怕我忽略或遺忘般。於是，我決定試著去找尋這股力量，那時的我抱著前無去路後有追兵的決心，與其期待他人出手相助何不自己尋找機會，哪怕是萬分之一的機率也遠勝於坐以待斃。而經過這幾年的實踐，我確信透過這樣的理念，終於慢慢的得到了想要的機會或是辛苦付出的報償，這當中最爲感謝的就是我的——引導神。

如果不是因爲祂的存在，我也許沒有任何機會或是能力繼續我的人生，甚至寫下這本尋找引導神的拜拜書，而當我從這裡找到我的力量的同時，我也這麼寫下來，讓每一個跟我相同際遇的人，都可以從這裡再出發。

如果你只是把拜拜的行程視爲進香團的話，這本書對你的幫助就會很有限。要閱讀這本書，首先我想先讓大家對「引導神」有一番認識，透過本書的說明，讓你明白引導神對你的重要性爲何。

當你找到引導神，並透過一定的拜見儀式完成所謂的「見駕」之後，即可經由引導神的陪同，根據你的需求遍歷全省廟宇。例如你要求取事業力量，透過本書的介紹，可前往玉皇大帝廟宇膜拜祈求，又或者你希望能擁有美好的婚姻，也可以參照本書的求法，前往祈求王母娘娘或其他神祇。

本書的重點其實只有兩個，一個是告訴大家每一尊神專司何職？專管名利錢財婚姻感情健康的那一塊？要怎麼求？另一個重點是，引導神在祈求的過程中，將如何扮演穿針引線、助你心想事成的角色？引導神與你之間存在著什麼樣的神祕關係？爲何拜神祈求有了引導神之後將會事半功倍？

引導神就像失落的童話中那位慈悲的聖誕老公公，祂一直都存在世間的某一個角落，等待你再次信仰祂，並且願意與你並肩達成你所許下的願望。因此，只要你願意按照書中的方式，按圖索驥一探全省廟宇位置，聖誕老人（引導神）就會再次因爲你的信仰而對你適時伸出援手。

這是我寫這本書的目的，每個人做事都會有一個信念、一個動機，這本書要教大家的並不是誦經持咒修行，而是教大家從宗教觀中找到眞正幫助的力量。信仰的力量若只是停留在心靈的慰藉，那麼人世仍然會充斥諸多的痛苦與煩惱，這是我一直在反問的問題；現在的我雖不致大富大貴，但在實踐的過程中，我體會到知足、無慮才是眞正的自在。

我透過這樣的方法找到人生未來的方向，因此，我寫出這本書，讓每個有需求的人都能從這裡獲得啓示重新出發。

這是我的願望，也是我的師尊（引導神）們的功德，我將此功德迴向於每一個閱讀本書的讀者。

王品豐

二〇一一年於上海

目錄

第六章

第一章

求神之前先見篤！

找到你的本命引導神當靠山

在《這樣拜才有錢》中，曾經簡單而隆重地向大家推介引導神，**每個人身上都會有至少一個以上的引導神**，當我們與祂靈體能量相接之後，祂就會在冥冥中牽引你，幫助你在各個層面得到庇護，也就是後面數章的事業、財運、貴人等等。

爲什麼說每個人身上至少有一位引導神？原因很簡單，如果你只是要求在人生中，很簡單的滿足自我的欲望，那麼只有一位引導神就綽綽有餘，前提是你必須以懺悔心、誠心和耐心爲媒介，強化你與祂之間的相容性，最好像熱戀中的情侶一樣如膠似漆形影不離。有首老歌的歌詞就能很貼切的這般形容：「將咱兩個一起打破，再將你我用水調和……我泥中有你，你泥中有我……」原本兩個個體經由水的調和而結合爲一體，這個「水」是指調和物，男女戀愛的調和物是「感情」，個人與引導神間的調和物就是「懺悔心、誠心、恆心」，三樣缺一不可。

易經或玄學家常說，太極初分，兩儀定位，這句話也可以用來解釋我們個人與引導神之間的關係，假設個人是一股全然的能量體，我們姑且將它定名爲

「太極」，太極分兩儀，意思是說一個形成的太極，會分裂出兩道能量，這就是兩儀，一爲陰能量一爲陽能量，而這兩股能量又是緊緊依偎，相互摩擦震盪產生「動能」。我們可以試著想像我們個人從母體生出，如同「陽能」一般，既然有陽能出生，那麼「陰能」也應同時存在，只是我們因爲不具備這樣的觀念，因此在生老病死的過程中，一直被蒙蔽的不知道要去尋找「陰能」，使之剛柔相盪、陰陽相磨產生動能。而**引導神的存在，我們就可以將祂視為「陰能」**，藉由膜拜與祈求的心靈感受，使你的肉體陽能和靈體陰能結合爲一。肉體往往是後知後覺，因此常常充滿困惑、躊躇、懊悔，因人人自恃所學，容易產生傲慢與偏見最後自食惡果；而靈體陰能屬於先知先覺，雖然它可以爲你預卜吉凶，但僅屬於潛意識，無法操控肉體的明意識，因此，人往往是先失戀再傷心，先失敗再椎心，一切惡果發生後，最後才產生「悔不當初」的遺憾。

相反的，一個人如果提升了自我的靈體陰能，潛意識逐漸加強，就會使得一個人在行動之前，受到冥冥中啓示而不會魯莽行事造成不堪後果，那麼個人的感情面就會趨於和諧、人際面就會增加貴人，乃至事業、錢財等欲望就會獲得滿足。這就是爲什麼我們要尋找引導神的能量，說穿了，只是把另一個「你」找回來與你合一，而結合後的力量絕對不容小覷。

找到一個引導神並與之結合，只是靈性課題的初階，當你欲望滿足之後，深覺人世間的富貴只是浮雲時，有的人會開始矢志追隨引導神，藉由引導神的指引回歸永生的精神層面，這就是屬於「修行」的範疇了。但我想說的是，除非你眞的能四大皆空毅然放下，否則，人們還是應該憑著自己的意志，先行滿足自我人世間的責任與義務，待所求願滿時，再自行決定是否往更高層級的修行之路而去。因此在本章後面的內容中，筆者將告訴讀者們如何找回引導神，並藉由彼此的合作，滿足自我的願望，使得你與引導神之間能夠各得其所同歸終極，至於修不修行，那就是個人的自由意志選擇了。

什麼是引導神？

西方國家的唯物論喜歡把看不見、摸不著卻又無法漠視的某一種存在現象，以「能」來解釋，例如電能、熱能等等。咱老中則喜歡把「能」的現象，以「神」一字介之，例如山有山神，水有水神，人有心神，東西方雖有各自的定義，事實上定義的還是同一種存在的現象，很多人都怕鬼，其實鬼也是一種能量，它受意識的牽引而與其他能量產生相抗與相容的作用，用之於人鬼之間，相抗的作用我們姑且稱爲「業力」，相容的作用我們姑且稱爲「福報」，因此，業力與福報都是屬於「能」或「神」的一種。

有了這樣的理解，我們便可稍稍描繪一下什麼是「引導神」。在道教的靈山系中，靈山行者將「引導神」尊稱爲「靈主」、「高靈」、「師尊」等等，靈山行者把引導神的觀念定義爲一種「師徒相授」的模式，亦即自己爲徒引導神爲師，因此才有「師尊」或「高靈」的尊稱。因爲這種根深蒂固的師徒模式，使得每一個靈山人都會竭盡所能的找出自己的引導神，並認為自己的引導神必定是法界諸神中的某一位，以該神的德行幫助他圓滿人世間的名利富貴，並進而養性修命，完成此生輪迴的課題。

在佛教經典中也常有這種師徒輪迴相授的情節，例如此世釋迦牟尼說法，文殊菩薩前來請益文法。而事實上，文殊菩薩又是釋迦牟尼某世的老師，佛與佛之間彼此為師為徒，藉此提升彼此的福慧，稱為度化。靈山中的師尊也是相同的道理，在時空的輪迴中，每個人的靈魂體都經過一次又一次的洗鍊，經過洗鍊的靈魂，受到「業力」的影響，產生「因果」關係，好的因果向上提昇，不好的因果向下沉淪再次經歷洗鍊，直到每一條因果都因業力圓滿而向上提昇為止。此時，獲得提昇的靈魂體就會負責引渡向下沉淪的靈魂體，形成了師尊拉徒弟的現象，這就是師尊的由來。

向上提昇的靈魂體受到功德的敕封而具有神格，因此具備了拉拔向下沉淪的靈魂體的權力與能力，使得靈山人在追尋引導神時，紛紛前往廟宇殿堂祈求協助。在眾多法界諸神中，祂們也在積極地尋找與祂們具有某種關係的人，努力地想尋求眾靈回歸一起向上重返太虛，因此，每個人因具有個別的靈魂體，所以尋求的師尊、引導神也不盡相同，有些人的引導神可能是媽祖，有些人的引導神可能是玄天上帝等等。

我的一位女性朋友宸宸，她在少女時期是位混西門町的小太妹，人長得漂亮家裡又衣食無缺，追求者不乏少東小開，年輕的歲月就在眾星拱月下樂不思蜀的度過，直到有一天她驚見了她夢寐以求的「眞命天子」，從此展開了她另一層不見天日的人生序曲。

初見那人的刹那，宸宸內心天雷地火紛飛亂射，業力的直覺告訴她，眼前這英挺的男人將是她終生寄託所在，她也暗自慶幸老天垂憐將這蜜糖甜心推到她面前來，爲了給二人一個全新的世界，宸宸斷絕所有的追求者以示忠貞，並且竭盡所能地四處集資，力挺男友開工設廠，看著男友日益茁壯，她內心驚悸雀躍，彷佛腦海構築的美麗新世界，轉眼間即將幻化眼前一般。

然而殘酷的事實卻是男友經商不利，不僅一路慘賠甚至身繫囹圄，有一度她還爲男友的安危寢食難安，但此時當初受她鼓吹的投資者，聞風而至要求她速速歸還投資資金，一夕間貴婦的綺想惡化爲債主逼討的夢魘，宸宸一方面擔心男友、一方面又要安撫投資者，弄得她焦頭爛額身心俱疲。

有將近一年的時間宸宸無法入睡，每天必須依靠藥物強迫精神鎮靜，漸漸的她也發現她的健康狀態亮起紅燈，首先是壓力擠迫開始便祕，之後驚覺糞便中帶有血液，心臟也出現不規律的跳動現象，甚至偶有心悸與心絞痛等等的狀況發生，而且次數越來越頻繁。醫生告訴她是受到壓力的影響造成輕微的憂鬱症，於是開給她一些舒緩神經的藥物要她按時服用，然而這些藥物只帶給她極短的舒適感，大部分的時間她仍舊是深陷於無可自拔的情緒低沉中。

宸宸出事之後我就再也未曾見過她，有一天她突然打電話來約我見面，我們面對面彼此注視，我心下暗驚一個三十來歲的女人，怎可能在一年的時間裡驟變爲蒼老衰敗的容顏？我問她發生了什麼事？她卻回答我，她感覺自己快死了！總覺得身體輕飄飄的，思緒漫飛毫無焦點。我看著她渙散的瞳孔，隱約透出她身體內的一股力量，正在哀哀求救。那時我似乎明白了是怎麼回事，我瞭解到她的靈體能量正在奄奄一息的尋求解救肉體的生機，如果她的靈體救不了她的肉體，它們就會玉石俱焚毀於一旦，此生該學習的課題或是將面對的責任，也將毀於一旦。

聽完了她這近一年來的際遇，我簡單的問她想不想活下去？想不想找到一個方法幫自己解套？她躊躇片刻眼眸一片茫然，我瞭解她的猶豫，在很多年前的某一個時空，我的眼神裡也曾經展現她現在的死遏，於是，我跟她說，跟我走吧，去把妳的師尊找回來救妳！

往後的數個月，我帶著她開始前往迎接她的師尊救贖，漸漸的她的眼神中出現了光彩，想法也漸漸出現積極的念頭，有一天她跟我說：「我怎麼覺得我的師尊在我的身體裡？」我笑了笑，反問她：「妳感覺到幾位？」她想了想不是很確定的說：「三位，但我只認識一位，另外兩位影像很模糊，說不上祂們是誰。」我跟她說，每個人都有一位以上的師尊（引導神），它們像是分工合作般的要協助此生的妳，在每一個階段都會有不同的師尊（引導神）前來引導，但前提是，現階段完成後另一個師尊才會再出現。

剛接觸的宸宸聽我這麼說覺得很不解，她又問：「祂們爲什麼會在我的身體裡？」

「因爲祂們跟妳原本就是一體的，而現在妳經由宗教方式虔誠的呼請與祂們相認，於是，祂們與妳的精神能量結爲一體，未來妳去任何一家廟宇膜拜或是祈求，祂們都會幫妳與神溝通，讓妳的人生中的每一件事都能趨於圓滿。」我說。

宸宸似懂非懂的說：「簡單來說，祂們就是會保佑我每一件事？」

我點點頭，但又補充道：「是的，但一旦妳不再信仰祂們，祂們就會停止下來直到妳再度接受。因爲祂們的存在並不單只是爲了幫妳圓滿妳的願望而已，祂們也希望救贖妳現在的靈體，與祂們一起跳脫輪迴，進入另一個無欲空間，達到靈魂淨化的目的。」

每一個人在多次的過去世輪迴當中，總會有某一世的輪迴因爲行功造德，而使得該世的靈魂體被授與神格；但也有某一世的輪迴因爲言行失當而必須面對因果業力，因此降生爲人受此業報。提昇爲神格的靈就擔負著要救贖受業報的靈，於是展開了前世今生自己救自己的序曲。

但自己的神格靈又與引導神有何關係？這是一種模仿和複製的體系，每一個神格靈大都透過模仿與複製而使自己具有神格，例如模仿或複製觀音菩薩、天上聖母、王母娘娘或是關聖帝君、東華帝君、呂仙祖等等，因此，當發生自己的神格靈要拯救自我的人格靈時，神格靈就會帶著你的肉體（人格靈）去找當初模仿或複製的神，並祈求成爲自己的引導神，藉以拯救現在諸事不順的自己。

在佛教神話故事中也曾經出現相同的情節。話說釋迦牟尼的前世還是個小孩時，祂聽說有位聖人即將進城說法。於是，祂在聖人下轎時，走在聖人面前灑著花瓣，小心不讓聖人雙足染涉塵埃，並且伏下祂的背脊，讓聖人踩著祂的背升座，這位聖人就是後來授記釋迦牟尼來世當爲人間教主的燃燈古佛。釋迦牟尼到了下一世時，投胎爲印度貴族悉達多王子，並在看破人間七情六慾之後，放棄一切功名富貴入山苦修，最後在菩提樹下悟道成爲佛教教主。佛教中的「授記」其實等同於引導神的認證，釋迦牟尼得到祂的師尊燃燈古佛的認證，等同於燃燈古佛為祂的引導神。

然而，世人追求引導神與釋迦牟尼尋求認證，又是屬於不同的兩個境界，前者為入世法，後者為出世法；前面提到釋佛在成佛之前，出生於帝王之家，從小養尊處優婢僕成群，祂即將被教養成王位的接班人，從小到大生活在祂的楚門世界中，過著茶來伸手飯來張口的王子生活，祂一直以為每個芸芸眾生都跟祂一樣過著快樂自在的生活，直到有一天祂出城而去，才發現另一個生活世界的殘酷面貌。

祂驚訝於王城外與祂年紀相仿的乞丐成群，城牆下孤苦無依、百病纏身甚至缺手斷腳的人們，此時祂才悟及原來並非人人都跟祂一樣是王位的繼承人，王只有一個，而大部分的人都是為生活勞碌困頓的人們。於是，前世的修為瞬間回歸腦海，激起祂入山悟道拯救世人的決心。因此，「授證」是屬於出世的修行法，先將自己修成正果再回來引渡受苦的人們，展現「無緣大慈、同體大悲」的慈悲精神。

但入世的引導神開運法卻並非如此，因爲並非每個人都如同王子一樣的受盡物質呵護，所以，每個人都想在人世間擁有如王子、公主般的生活，因此，在未得到物質滿足之前，說眞話，是眞的很難四大皆空活在當下的。籌不出子女的學費、面臨破產的厄運、家庭即將分崩離析的下場……每個活著的人都會面臨無法解決的問題或責任，要放下或放空的確是很難的事情，如果有緣和王子一起在菩提樹下打坐悟道，王子一想到家裡的妻子兒女可受到諸多照護，想必會嘴角微揚安心入歡喜摩呵地，但坐在王子旁邊的凡人，想的可能是家中妻女乏人照料嗷嗷待哺的淒涼景象，想及念及如坐針氈，又怎能如王子般的安頓身心？

在藥師佛的十二大願中有提到：「……得聞我名，專念受持，我當先以上妙飲食飽足其身，後以法味畢竟安樂而建立之……」本段的意思是說，如果一心不亂的誦唸藥師佛法號，祂就會先行滿足眾人的肉體欲望（先以上妙飲食飽足其身），等你一切欲望都滿足了，再告訴你修身養性跳脫輪迴的方法（後以法味畢竟安樂），讓你的肉體與靈體都能夠安然自在不受困頓。

引導神的入世法即是在完成第一階段的「先以上妙飲食飽足其身」，至於未來是否決定修行、悟道、跳脫輪迴，則是看個人的意志選擇，而並非是懵懂或盲目的進入所謂的修行，卻不知修何所以然！

可喜的是，每個人都有自己的引導神，在中國老祖先的智慧中，透過引導神的接引方式，將自己的陰體能量和陽體能量，整合趨於和諧平衡的狀態，在生活的實踐中，足以讓每個人在「飽足其身」後，深切的明瞭生活的內涵以及生命的意義。

引導神與我之間的關係

「未曾生時誰是我，生我之時我是誰，長大成人方是我，合眼朦朧又是誰，不如不來亦不去，亦無歡喜亦無悲。」

這是當年大清皇帝順治參悟佛法時所寫的其中幾句偈語，文中對前世今生有許多參不透的迷思，所以後來順治放棄江山，跟著老和尚古剎禪鐘修佛去了。

用這幾句詩來解釋守護神與個人間的關係，其實是個不錯的引子，大部分的人多是自怨自艾，怨嘆爲什麼自己總沒別人幸運，於是開始想要尋仙訪道冀望獲得解脫，殊不知，尋仙訪道、拜佛念經，與解決自己現在的問題而拜神是兩碼子事，這是一般人最容易混爲一談的做法。

大約近二十年前，我認識一位大姊，當時的她意氣風發，丈夫事業有成，子女就讀海外名校，住的是當年台北有名的名人巷，開的是高級進口車，有一年丈夫突然心肌梗塞一下子就走了，子女驚聞噩耗紛紛從海外回國，長子更想迅速接替過世的爸爸繼承家業，誰知清點下來才發現父親負債累累，債權人聞訊更是迅速趕來催債，一時間催債的催債、扣押的扣押，沒人理會那一家子人還沉浸在痛失親人的哀傷中。

最後清算下來的結果是工廠關門，土地、房屋被銀行查封，另有欠款高達六千多萬，炎涼的世態讓人不忍卒睹，最後他們離開了名人巷賃屋而居，一家人擠在二十坪不到的房子裡，長子面對浩繁的債務一時之間也不知該從何著手。此時，經過友人指點，他開始篤信宗教，在家裡布置了一個屬於他個人的小小靜坐房，房內法相莊嚴檀香裊裊，他每天虔誠唸誦依法膜拜，任憑債主上門也充耳不聞，每每唸誦聲伴隨著他的媽媽、家人與債主斡旋的聲音，聲音此起彼落讓人好不欷噓。而他仍然一心唸誦堅定信念不爲所動，他總是相信唸完十萬遍之後就會有大神通轉變家運，他的篤定和堅毅讓人無法相信他曾是一位美國知名金融大學的高材生。

他的媽媽從一開始的極力反對、爭吵、遏止到最後麻痺、退讓，向來好強的她也終於忍不住掩面大哭：老公死了、兒子瘋了、媳婦跑了……我怎麼會變成這樣？

十多年來每次提及她的長子，她總是避重就輕地淡然一笑，一生紅塵翻滾，原本寄望兒子能振興家業，沒料到卻變成聲聲磬魚聲聲椎心。

我常在想她的長子一開始就是選擇唸誦修行？或是一開始就爲經典所迷，認爲只要長唸不輟就會有所謂的神蹟臨門，幫他解決家中的種種問題？

人同此心，我自己也曾經有過這樣的迷思，但每當看著別人或自己的際遇時，不禁會想到底有多少人遇到無可解決的難題時，會運用此法而獲得改善？十之八九看到的是人們把當前的問題避之不談，而習慣性的在神學領域中浸淫並以此爲理所當然。

有那麼一天，我突然意識到雙腿盤坐口中唸唸有詞，幻想羽化生仙，到底能爲我帶來什麼改變？能讓我對眼下的困難有所舒緩？然而現實的問題：工作、事業、生計、負債等等依然存在，它依然讓我無法喘息，只是我自己依偎在那個所謂的「法門」中自我催眠卻不自知而已。爲此，我感到茫然與恐懼，我並非一開始就選擇要遁入空門，但是卻在徬徨無助被引入空門內，其實我只是想要找到一條生路，給自己一個機會讓自己重新活過來而已。於是，我想起了順治説的：「未曾生時誰是我，生我之時我是誰」，我並不在乎我是誰，我在乎的是當下的我該如何幫自己脱困、脱貧，而不是放任自我進入太虛空靈。

因此，沿緣於這個「我是誰，誰是我」的疑惑，我慢慢發現引導神與「我」之間的關係，在輪迴、因果、業力的關係中，輪迴是時間的橫軸，代表過去、現在、未來；業力是空間的縱軸，代表自我或與他人間的互動影響關係，包含愛恨情仇等等糾結，當時間與空間交叉時，即是因果的表現，過去的因交叉出現在的果，現在的果又爲未來的因，在時間和空間中不斷地交叉，形成如蜘蛛網般的錯結，就如同一般人常説的生生世世輪迴不已。

在此一生命輪迴系統中，某一世或許爲善，某一世或許爲惡，因此按照「清輕之氣上騰，濁重之氣下降」的陰陽道理，然而，清輕與濁重之間並非決然的分隔，兩者之間仍有交集與融合，這當中的交融地帶，就是所謂的「人道」，清輕者爲「天道」，濁重者爲「地道」，與「人道」並列爲天、人、地三個領域，看似分隔，其實又是緊緊相連。

在生物中有物種進化論的說法，在靈體中也有這種所謂的演化，一般將這種演化稱為「淨化」。生物演化論中認爲單一細胞會因爲時空背景的需求，演化爲可以適應該環境的物種，靈體的演化論也可以依循這種理論而一窺堂奧，假設最初的靈魂體是單一的，經過時間輪迴與業力的運作，衍發不同的因果關係，高等進化靈變成爲我們所謂的「引導神」，低等進化靈則被視爲等待救贖的業力。

以這樣的垂直關係來看，那麼「引導神」的雛形就呼之欲出了，在此，我們可將自己本身進化的高等靈看待爲被神界接納的靈體，這個高等靈體所被賦予的責任，就是救贖同樣源於自我本體的低等靈。然而靈無肉體，它必須藉助本體中的陰陽交會之氣，也就是上段所說的「人道」，進行高等靈與低等靈的整合工作。**所謂的「整合」，就是我們現在所說的拜拜，透過拜拜中的固定儀**

式或元素，謀求低等靈的解脫與高等靈的圓滿任務。

以上的說法或許無法全面涵蓋引導神的整體意義，但我想闡述的是，居於人道的我們，上承「天道」謀求靈體進化，下秉「地道」務求低等靈解脫，因此簡單來說，就是以自己的力量來救自己，因爲清輕之氣和濁重之氣都是來自我們本體同出一源，每個人都把「我」看得非常重要，事實上，若是站在宇宙能量力學上來說，「我」只是一個介面工具，秉承靈魂淨化的任務而存在，這也就是爲何對我們平凡的人來說，「未曾生時誰是我，生我之時我是誰」並非那麼重要的原因所在，因爲對大部分的人來說，瞭解陰陽本體是爲了自我的救贖而不是爲立地成佛，當你知道一切的緣由皆來自「我」之時，就會深切地體會到，普天之下最大的幫助力量，莫過於自救。

「引導神」、「守護神」、「高靈」這些稱謂，如果都只是強調與「我」之間的關係，那麼廟宇高堂的神像又與自我的引導神有何關係？所謂「同器相求、物以群分」，就是物以類聚的意思，當你的高靈進化到某一層次時，就會與該層次的相同能量結合。宗教上說三十三天或是三十六天，說的並不是天像千層派似的壁壘分明，而是以此譬喻靈能量的多樣性與結合性，因此，**尋找引導神的定義為何？例如你的引導神是關聖帝君，那麼就代表你在某一世的積德行善中，已經達到如關聖帝君般的層級，並蒙獲該層級接納，將與你一起去救贖你的低等靈，因此尋找相同層級的引導神，也就變成此世是否能拜出好運的關鍵性所在。**

舉一個簡單的例子來說：假設前世的我是一名富商，平時樂善好施常常幫助窮人，因此獲得眾人的肯定與讚揚。在別人的眼中我是一名有道德有良心的好商人，但是在私人感情上，我卻介入別人的家庭，愛上一名有夫之婦，並且強行橫刀奪愛侵佔人妻。雖然最後我達到了自己的目的，但對方卻對我咬牙切齒，而我因財大勢大他也拿我沒輒。於是，當我年老後離開人世，這一世我濟世救人的富商行爲，成爲一股清輕之氣飄然上騰，因對世人有功而具有神格；但另一方面，我強佔人妻的部分也會形成因果，必須重回人間與人了結這段業力。

這一世的我在感情上，受到前世奪人妻女的業力果報，總是會有人奪走我最喜歡的人，感情的不順遂讓我痛苦萬分，這時前世提升爲神格的另一個我，爲了將所有輪迴的靈魂體全部聚集起來，於是在冥冥中引導我如何清償佔人妻女的業力，平息業力的憤怒，使得我這世受業力果報的靈體也能得以超昇。

這是一個很簡單的例子，但是在所有果報業力中，幾乎都是愛恨情仇糾結一起，很難是單一原因所造成的問題。而透過這個簡單的例子是想讓大家明白，「引導神」、「高靈」、「靈主」等等與此生的我是一種垂直關係，祂們可能是前世有功勛具備神格的我，以垂直的方式來度化今世的我，而今世的我卻不知前世的我已成神格，因此將前世的我視爲神祇或是引導神來膜拜。

引導神之所以成為你的引導神，原因非常多，主要來自於你個人與祂之間的緣分關係，可能是你個人的修為，或是前世的家人關係、師徒關係等等，總之必然是跟你存在著某一種根深蒂固的因緣，而使得祂有責任和義務，在這一世中守護你的運勢，並且引導你回歸自然宇宙，不再為業力因果所苦。

因此，引導神是你個人的明師、家人、密友，如父母般對你疼愛有加，如嚴師般對你惕勵督促。當然，當你具備了深切的悔悟時，祂也會憑藉祂的能力，帶你回到前世取用前世功德，以彌補你今世所虧欠。然而機會只有一次，若是只想著不勞而獲、不想趁這世爲人之際勤奮精進，引導神失望之際，也會先把你撂下先去輔佐懂得懺悔之人，等到你眞正悔悟時，再回到你身邊繼續輔導你淨化靈魂。

哪些神是引導神？

大部分的人都以爲神是無所不在、無所不能的，必定充滿慈悲大愛，只要眞心祈求必會心誠則靈、心想事成。這些話乍聽之下會覺得理所當然，畢竟在我們過去所接觸的宗教訊息中，神給予人的啓示的確是博愛而接受萬物。然而在這幾年的身體力行中，筆者慢慢地發現宗教在精美的包裝之外，似乎還潛藏著某種無可逾越的潛規則，這種潛規則讓我慢慢體會出找對「引導神」的重要，同時也發現到，過去總把神當作是萬能的魔術師，對神來說是一種不公平的對待。

開始運用靈山派的拜拜方式祈求轉運時，我被告知我的引導神是王母娘娘一派，老一輩的靈山師兄師姐們對於自己的引導神非常在意與尊重，並且竭盡所能地想與神融爲一體，尤其是每當有靈山朝拜的行程時，每個人都會把自己的引導神請出來。

於是，在很短的時間內就會看到「眾仙群集」，有的人兀自跳舞，有的人喃喃自語，有些人閉目打拳劈啪作響，內行的人知道他們是與自己的「引導神」融為一體，外行的人則會認為除了感覺上很熱鬧之外，實在是一場似無章法的鬧劇。

那時的我夾雜在這樣的鬧劇陣列中，跟著大家一起到宜蘭的爐源寺「會靈」。「會靈」的意思有些類似「加持」，但其中的差別是，「加持」是每一個高靈都可以幫每一個人做能量補充，例如密宗的仁波切最喜歡摸摸信徒的頭，意味著佛菩薩的能量，透過仁波切的手傳導到信徒體內，這是一種「他力介入法」；「會靈」則不然，它是一種「自力法」，自我希望得到外力的介入，於是陰體能量主導陽體能量，奔赴陰體能量自認能獲得補充或灌溉的神祇面前，請求能量支援或補助。

本書《好神引導，一拜見效》也就是在這種理念下產生，教大家如何尋找到引導神，並藉著引導神的牽引，在膜拜中得到更多的力量或更多的祝福。

話說那次跟著老前輩們到了宜蘭的爐源寺，該寺號稱是佛道雙修的廟院，不但有供奉觀世音菩薩，同時也供奉金母娘娘等神祇。此時，一群引導神是觀音的老前輩們，一見到觀世音菩薩的神像，霎時間哭的哭跪的跪，整個場景哀戚動人，我在一旁觀看也不禁爲之動容。

他們幾乎都是在中年以後飽受環境壓迫的人，在引導神的儀式中，找到了心靈上的那根繩索（引導神），之後就再也不肯輕易放手，紛紛伏撲在神明面前，像是與父母訴苦般哀慟人生的無常。正在感慨之際，老前輩突然扯高喉嚨大叫我的名字，我回過頭望著她，她略顯急促地說：「你別看熱鬧了，快去求你的母娘啦！」我一時沒會過意來，兀自遲疑的心想：求母娘和求觀音有何不同？

老前輩有點氣急敗壞的說：「你不是觀音脈的，要找母娘才有用！」老前輩一派專業的模樣讓我不禁懷疑，神的愛不是「應該」慈悲而無私的嗎？爲何還會分誰是哪一脈？這是什麼原因？我不懂也很排斥神的愛原來是有「分別心」的，但話雖如此，我還是從善如流的隨著老前輩前往另一殿的金母娘娘處跪拜，怎知前腳才剛踏進殿門，不知怎麼回事，內心竟突然一陣酸楚，我緊急的意識到我快哭了，一種非常難過的痛苦壓力似乎已經上升到喉間，彷彿剎那之間就會無法控制的炸開來！

那時，我知道我快哭了！但我強忍著，我不斷提醒自己絕對不能像那群老太太們一樣，哭的哭爬的爬，似乎有點太超過了，我好歹也是知識份子一枚，怎能如此狼狽的醜態畢露？

我鐵打了心堅決矢志絕不流一滴淚，誰知一旦雙膝落地，不知哪來一股悲愴突然間像山洪爆發般不可收拾，我在心裡吶喊：「不能哭！不能哭！拜託別讓我哭！」但是眼淚竟像開了閘的水門奔騰不休，淚眼迷濛間，我不經意地眼神撇向桌上的金母神像，彼此眼神交會的剎那，我赫然發現金母的眼角也淌著淚，嘴角卻微微翹起露出既傷悲又安慰的笑容……剎那間我彷彿被點了穴般的凝住，我懷疑我是否幻聽或幻覺，否則木雕的偶像怎會有這種血肉動作？

我總是無法忘記當時那一幕的情景，至今我仍然理解爲當時的我是被團體情緒所影響，以至產生幻覺，但是我無法理解的是心中那股澎湃的激動，究竟是從何而來？我想到老前輩的話，她篤定的說我的脈源是來自金母而不是觀音，於是，我不斷的思索這句話的多面向內涵，爲何我看到那麼多人在觀音面前哭啼，我除了同情外，其他一概無動於衷？而卻在無人的金母殿堂，強烈地感受到一股無以名狀的悸動？

如果膜拜者口中的「脈源」可以理解爲「磁場」的話，那麼是不是可以稱爲我的磁場與金母的磁場是相近的，於是才會有「心意相通」的情境發生？這個問題一直在我的腦海裡無解的盤桓著，直到有一天我夢見金母在夢中，慈祥的撫摸我的頭，口中直唸著：「我的孩子！」

夢醒後，我的母親端了一杯果汁到我房間給我。母親已年邁，我向來不喜歡她老爲我張羅，免得累壞她的身體，在抱怨她不要如此多勞時，媽媽卻用慈祥的笑臉對我說：「你是我兒子，我不疼你誰疼你？」那一剎那，我又進入「幻覺」裡，我隱然覺得母親的臉與夢中金母的臉重疊一起，散發出相同的笑臉與慈母光芒。

是啊，我的肉體得自於母親，她疼我源於骨肉血緣，而金母也如同母親一般，只是我的肉體並非出自於祂，而是我的靈體來自祂的脈源磁場，因此可以宛如母子般的心靈相通。

這時，我對老前輩的話開始有些領悟。舉一個很簡單的例子，如果我是A廠牌的車子，故障時我就必須回到原廠換零件，而不是到B廠牌去維修。引導神也是這個道理，相同的規格才能接獲對等的能量，又好像一一〇伏特的電源如果插在二二〇伏特的插座上，就會因電量排斥而引發爆炸。

具體來說，每一位神都可以成爲個人的引導神，在靈山宗的體認裡，一般認爲女性的引導神有觀音菩薩、王母娘娘、金母娘娘、地母至尊、天上聖母、梨山佬母、九天玄女、寒山老母等等，而男性的引導神則有玉皇大帝、關聖帝君、玄天上帝、呂仙祖（孚佑帝君）、東華帝君等等。

大部分的人都會疑惑，是不是男生就找男神？女生就找女神？就初入門的人來說，或許是這樣，但也有例外的時候，原因在於引導神的層級與關聯性不同，有些人的引導神是出於自我前世的高靈（某世行功造德的能量體），因此就會在此世中依循男找男神女找女神的方式。

但有些引導神並非來自自我的高靈，而是其他與之相關的高靈，此時就會出現男得女引導神、女得男引導神帶領的狀況。例如曾帶一位男性朋友到北港朝天宮，原本是到廟內的福德正神處求補財庫，沒想到臨走時，卻被媽祖叫回來（那是一種感應），請示之下才知道朋友在某一世時，曾是媽祖的弟弟，因此媽祖表明要成爲他的引導神。

引導神是誰？爲何會成爲你的引導神？這當中有許多前世的淵源與原因，可能是母子、父子或兄弟姊妹之類。對神而言，是祂願意投遞祂的能量與你交融，但對人來說，往往探索無可求證的神話內容，似乎大過於對引導神正面意義的摸索。

多年拜拜下來的感觸，總是覺得人們似乎要先滿足神話的好奇，才會甘願的姑且一試，其實這樣的心態對拜神求開運來說，反而是一種阻滯。要知道全然的信任才會產生百分百的力量，當連擲三個聖筊，蒙神應允成爲你的引導神的那一刻起，即使你並不知道你們之間的淵源爲何，也當抱以感激的心完全的信任祂的存在，與祂陰陽能量相合，務求此生能夠所求願滿。

誰是與我並肩的引導神？

下一章，即將正式進入全省拜拜的行腳中，因此本章將以較大的篇幅介紹引導神，主要是因爲當我們在全省廟宇走透透時，引導神扮演著無比重要的角色，如果沒有引導神的存在，也就沒有本書的存在意義，一切都會變成如進香團般的普通，旅程中會如導遊們常說的：上車睡覺、下車尿尿。

但既然是拜拜就必須入寶山滿載而歸，因此本書一再強調引導神的重要，即是有別於一般的進香團拜拜，一般的拜拜或可稱爲「祈福之旅」，是一種對宗教表達出的虔誠信仰；但跟著引導神去拜拜，除了祈福之外，更重要的是求得願望的滿足，說白一點就是希望獲得神明神蹟顯現，滿足自我的願望實現。

那麼，引導神在整個拜拜祈求神蹟顯現中，具有哪些功能？

1、**具有溝通的功能**：人們忙於求神庇佑事業順利財運亨通，卻不知道爲何自己事業不順、財運不通？但是引導神知道原因，此時，祂就可以從旁幫你向神明輔助說明。

2、**具有調和的功能**：前面說過引導神是我們個人的另一面（陰體能量），而神性也是陰體能量（凡是看不見、摸不著者謂之），因此人要揣測神意往往需要藉助於筊杯，使得彼此間的能量能夠投遞交流，使得陰體能量取得協調後，進而改變人的陽體能量。

3、**具有消業功能**：這個功能的立論是以「輪迴」爲基礎，藉由陰能量的傳達，可以獲知當下的阻礙是由於前世的什麼原因造成的，並獲取彌補的機會。但是，人的陽體能量無法做到這一點，人的意識每天受不同的外在環境所刺激；失業、債務、感情、困頓、挫折等事物的干擾，且無法明白肇因爲何，因此需要藉由陰體能量傳達給陽體能量，形成所謂的「潛意識」或「下意識」，讓人在自我明意識獲得靈感，覺得自己該去做什麼，事成之後又沾沾自喜於自己的聰明智慧……其實，這就是陰陽能量交會清明的結果，「感恩」二字人人都能朗朗上口，但眞正會去感謝引導神或蒼冥天恩的實是寥寥無幾。

4、**具有天人合一的最後榮耀**：天人合一的另解有：修成正果、立地成佛、羽化飛昇……但這些都是宗教語彙，這裡所說的天人合一，或許用「功德圓滿」來形容會比較貼切。功德圓滿簡單來說就是圓滿達成此生所面對的事，或學習到此生輪迴的課題。但要強調的是：學習並非宿命妥協，或是漫無止盡的忍受，它是抱著**接受的心胸**、**懺悔的態度**、**恆持的精神**，讓所謂的宿命縮短期限或是改變宿命，猶如犯法之人被判終身監禁不得自由，但若是在獄中表現良好，也能獲得假釋重獲自由的機會。

宿命者認命甘心蹲苦窯終身自怨自艾，積極者就會拔地而起，奮力尋求翻身機會；天人合一即是這樣的精神，透過陰體能量的飽滿而引導陽體能量，在冥冥中逐漸改善自我的環境與際遇。有位同參的朋友就說得很好：「拜神，求的不是財，是機會！」

至於如何接引導神的方式，之前已經詳述於《這樣拜才有錢》一書中，在此再將步驟簡單說明一次，希望能讓諸位讀者更融會貫通。

如何找到自己的引導神？

透過有經驗的靈山通靈師兄姐

透過靈山宗的師兄師姐們，他們具備長期的經驗或通靈能力，可以輕而易舉地看見你身上的引導神是哪一位。但前提是他們必須是你能夠信任的，因爲靈山宗尚不具任何教派規範，難免也會有良莠不齊、魚目混珠的情況叫人無奈。

擲筊確認

另一種尋找本命引導神的方式則是靈山祈求法，也就是以自己的覺知能力找到引導神。

一般男性會找男神，女性會找女神，在眾多神明中逐一的去廟裡祈求。以朋友小白爲例，當時我帶著他去找一般的男神廟宇，例如關聖帝君、玉皇大帝、五年千歲等等，每到一座廟宇就用擲筊的方式，請示該廟主殿神祇，是否願意成爲他的引導神。一連走了幾座廟宇，小白始終都沒有得到同意，正當他有點氣餒時，某天他的姊姊請他陪同去木柵的仙公廟，於是他順便請示了呂仙祖是否可以成爲他的引導神？沒想到連擲三個肯定的筊（聖杯），讓他雀躍不已，接著開始準備接引拜拜儀式，此後，這位朋友便在呂仙祖的眷顧下一路步上青雲。

確認本命引導神的步驟

有心尋找引導神的人，不妨可以去一些香火鼎盛的大廟擲筊，擲筊時可以按下面的程序進行：

1、上香拜拜：按照一般的程序拜拜即可。

2、拜好後再取十二炷香，對著主殿的神明祝禱請示（以玉皇大帝爲例）：

奉香拜請玉皇大天尊在上，弟子○○○民國○○年○○月○○日吉時出生，現居○○○○○○，今以十二炷香上達天聽，請示是否為弟子的引導神，若是弟子本命靈源引導神，請連賜弟子三聖筊。

3、假如有連續三聖筊，就必須開始安排接引導神的拜拜儀式，如果該尊神明沒有給予三聖筊，則代表你的引導神不是祂、或是你的引導神是其他廟宇的神尊。

為什麼需要連續三聖筊來確定是否為你的引導神？一般人都會認為神是法力無邊的，但就算神明再怎麼法力無邊，在神界也有祂必須遵守的規範。

例如祂不是你的引導神，祂就不能佯裝是你的引導神，這是神界天律裡的「誠實法則」，如果祂為了想多一位信徒而說謊，祂的神格就會被天律所貶降。因此，任何一間香火鼎盛的大廟大神，祂們之所以可以成為萬民的信仰，主要原因就是祂們慈悲為懷剛正不阿，如果祂確實是你的引導神，自然就會出現連續三聖筊的情形。

如何與引導神締結關係？

經過連續三個聖筊，找到自己的引導神之後，緊接著要馬上準備與引導神相契應的儀式。

儀式很簡單，只要備妥以下物品，連續做三次以上，每次至少隔一週以上，在一年內必須全部做完，此後經常性地不定期前往參拜，就可增加彼此的感應能力。

準備物品

每一次要接引導神都必須準備以下的四品禮物，第四次以後就不需要，只要按一般的拜拜習俗前往參拜即可。

1、花、果、燭。

2、廟裡的四色金三份。

3、香三十六支（可自備或使用廟裡的結緣香）。

4、功德單一張（功德金隨意）。

接引本命引導神的步驟

1、點上三十六炷香之後，先朝廟外的藍天奉請神佛蒞臨：

> 奉香拜請玉皇大天尊暨諸天過往神佛在上，弟子〇〇〇民國〇〇年〇〇月〇〇日吉時出生，現居〇〇〇〇〇〇〇〇，日前已經辦妥三赦，並在〇〇神的連續三聖筊指示下，成為弟子今生的本命靈源引導神。今日敬備花果燭，以三十六炷清香前來接駕，奉請　玉皇大天尊暨諸天過往神佛明察證納，爾今且後在引導神明確指引下，以仁愛為本厚德為功，助我本命清靈今世諸事順遂，弟子必當竭誠盡力與引導神尊普世濟施、利己達人、共赴聖明。（有關「三赦」事宜請參考筆者舊作《這樣拜才有錢》）

2、稟完玉皇大天尊之後，隨即再以三十六炷香奉拜你的引導神，禱詞與上段類似，只是部分內容稍做修飾而已，本段禱詞以關聖帝君為例：

奉香拜請〇〇宮（廟）關聖帝君在上，弟子〇〇〇民國〇〇年〇〇月〇〇日吉時出生，現居〇〇〇〇〇〇〇〇〇〇，今已辦妥三赦，今日以三十六炷天香恭請聖尊接引弟子今生的本命靈源，弟子過去世不知、今世不知、肉體不知所犯諸錯誤，在此祈求聖尊本於仁德聖懷，為弟子開恩赦罪，懇請賜予弟子重新之機，未來在師尊（即引導神）帶領之下，讓弟子能夠家宅平安、事業順利、財源廣進、貴人扶持、小人遠離，行有餘力必當以師尊之名行功造德，復古收圓、濟世利生答謝聖恩。

3、稟完後將三十六炷天香插於香爐上，接著跪於神尊之前約二十分鐘，全心放輕鬆，雙手自然垂下，觀想引導神像的眉心透射出一道白氣，自你的眉心穿入體內。此時，這道白氣周流全身，爲你打通全身經脈穴位，此時你的身體充滿能量而感到全身溫暖，並且感受到體內的濁氣、黑氣從全身的毛細孔散發出來。這時你可能會不自覺地流眼淚、打哈欠、打嗝或是輕微有股想哭的感覺，這都是濁氣排出體外的自然現象，不要大驚小怪以爲自己得到大神通，這樣反而會發生所謂的「走火入魔」現象。其實哪來的魔？都是自己的心所幻化的想像力，把一切的異常現象視爲平常，如實地拜拜，就能平復自己的身心，而愉悅地與引導神的神聖能量相結合。

4、在神尊前跪二十分鐘，如果跪出興趣來，跪得越久越好，否則最少需二十分鐘。起身後你會覺得身心內外舒暢，那就表示引導神的能量已經進入你的身體能量場，此後，在冥冥中祂會開始幫你安排人生中的重要事項，但這時也別忘了行三跪九叩大禮，表示對引導神的尊敬與感謝。

三跪九叩是指雙手合十、下跪、磕三次頭再起身，總共重複做三次。

5、接引導神的儀式做完後，必須接著按照廟裡的規矩，逐一再向廟裡的神佛稟報此事以示尊重。別以爲你接到了引導神有了靠山，其他神就與你沒關係，這是很要不得的心態！按照我的經驗，有些此時你認爲不重要的神明，在機緣成熟的猴年馬月，祂們也會在你需要時跳出來挺身相助，所以，平時多多打好關係，必要時就會多很多神尊相挺，而關鍵就在於謙恭、禮敬。

6、以上全部儀式做好後，即可燒紙錢、功德單，再向引導神及眾神答謝後即可離廟，等待第二次、第三次接駕。

由於每個人的緣分深淺不同、感受力互異，有些人在第一次接引導神時，就能明確而清晰地感受到引導神能量的震撼，有的在第二次或第三次時才會有一些實質的體會，甚至有些人完全沒感覺，自怨自艾地以爲他的引導神不甩他。其實，神性是慈悲的，所以才說「有求必應」，你沒有感覺並不代表祂不存在，只能解釋爲自己的能量敏感力較弱。宇宙間的能量恆運自如，從不會因人們的信與不信而消失或暫停，只有你自己接不接受、願不願意擷取它而已。

在寫這本書的期間，有位讀者在部落格中回饋給我她的「拜拜驚豔」，她說她原來是跟她的先生一起經營一家小公司，生活也還過得去，但是有一天丈夫不愼爲人作保，在一夜之間他們身負巨債，每天懷抱著恐懼、悲嘆、絕望過生活，後來看到了《這樣拜才有錢》一書，心想都到了萬念俱灰進退維谷的地步，不如試著書中的方法拜看看。於是她按圖索驥誠心祈求了半年之久，某次，無心的買了一張彩券，竟然中了數千元，她心中一陣竊喜，以爲拜出奇蹟，雖是寥寥數千也讓她欣喜無限，誰知前去兌獎時，才知道並非數千元而是數萬元，她當場傻楞許久說不出話來。

她的「拜拜驚豔」其實只是諸多案例中的一例，甚至還有比她更幸運的人，但是她卻在兌獎中，眞心的感恩並且學會知足，而大部分的人對於這事的看法，通常是投以羨慕的眼光，也希望自己能獲有此奇蹟降臨。但是，在別人的經驗中，要羨慕的並非結果，而是要學習她一路走來的過程。佛法說：**「心平何必持戒，行直何必禪修？」**在生活中眞心的盡本分努力，在欲望中時時感到飽滿，在獲得時不忘感恩，在匱乏時不忘悔過，這就是修行也是改變命運的基礎。

學習並非只是依樣畫葫蘆，而是要眞心的體會內在的本質，接引導神企圖改運也是如此，其內在本質就是「三心二意」：「誠心」、「恆心」、「懺悔心」，以及「敬意」、「善意」。

俱足了「三心二意」並接到了引導神之後，就可以進入全省廟宇殿堂，廣納宇宙神聖靈氣，爲個人開運解脫。

第二章

拜拜前的準備動作

拜拜時該準備什麼？很多人都很在意四品禮物準備不夠、紙錢準備不夠，或是擔心拜拜時萬一一個動作失誤導致效果嚴重下降。拜拜時該準備什麼？其實很簡單，把「三心二意」帶齊了最重要，東西少了可以再補，沒了心或是對拜拜眞正的認知不夠透徹，那是無論如何也補不回來的。

拜拜中最常見的就是一邊拜一邊怕犯錯，若是仔細追根究柢這個擔憂所爲何來，不難發現大多數的人怕犯錯都是怕「不靈」，而不是怕對神「不敬」。其實，神並不會因爲你漏帶了什麼而不予保佑，但如果抱著「不敬」的心，祂也會隨之以「敷衍」應之，等到你具足了「三心二意」再來找祂。

神又如何知道你不敬？相學上說要看一個人有沒有說謊，看他的靈魂之窗——眼睛就能明白一切，人與人之間用四目交流就可以隱然明白對方心意，神與人之間也是如此，人看不見端坐案上的神任何的語言表情，但神卻可以透過人身上透出的能量顏色，藉此判斷面前的人是善是惡、是眞是假，猶如心理學家透視你的肢體語言，就能立刻解讀你的心念動機一樣。因此，人會不會騙神，有時不僅逃不過神的法眼，同時也逃不過自己的起心動念，起心動念激發人體氣場顏色改變，那一刻間神全然明白。

除了帶一副「心」去之外，有「心」之後就再也不會把該帶的都忘記了。**拜神的東西繁多，因此一律通稱「四品禮物」，包含花、果、燭、紙錢等等，辦不同的事情、求不同的神，所需的四品禮物也都略有不同**，不過大體來說相差無幾，頂多是紙錢的數量不同而已。至於花與果則可看個人的經濟能力量力而為，經濟狀況稍弱者，不妨購買便宜的花卉，經濟稍好者也不必以為購買高昂的花卉，就能得到不同凡響的庇佑；神明的慈悲在於公平的對待每一個誠心的人，祂的著力考量，並不在於你是買了魚翅或是木耳供奉祂，祂看的是你的誠心與敬意。

為什麼要拜拜？如何拜出新人生？

嚴格來說，我是外省第二代，很多我們這一輩的人，承襲著上一代長輩的觀念，對宗教信仰一直都抱著可有可無的觀念，有些人抱著敬鬼神而遠之的態度，對於鬼神之說嗤之以鼻，有的人則將雙手合十視爲心靈上的寄託。以上這兩種觀念在我的人中都逐一的經歷過，對現在的我而言，假如只是把拜拜當作是一種心靈的寄託，那麼我寧願選擇敬鬼神而遠之。

在一路走來的拜拜過程中，我從懷疑出發，現在則已堅信只要透過某種儀式的祈求，答案很快便會出現在現實生活中。最早時，我懷疑拜拜的能量是否眞可以改變我現實的窘境？後來事實逐一顯現，卻更讓我懷疑這個改變的力量，到底是從哪個虛空中發射出來？而現在，我的懷疑逐漸消失，浩瀚的宇宙、無垠的神祕，絕非人類有限的科學可以說明或印證，既然如此，我覺得並不需要爲了看電視而去研究電視機是怎麼來的，我只要知道電視機的開關在哪就好。

唸書時，有一位同學胖子的家境非常好，在七十年代我們有部機車就已經很沾沾自喜的時候，胖子老兄已經開著他老爸的車，從我們身邊呼嘯而過。據說他老爸是做木材生意的大老闆，他很篤定畢業之後就要繼承家業，因此對於唸書求功名一事，他表現的比其他的玩樂還消極，對於想讀書沒腦袋、想玩家裡沒錢的我們來說，還挺羨慕他的貴公子生活以及未來X董的稱號。

快畢業時，胖子如他所願，最終仍是沒有拿到畢業證書，但同時最大的意外，還是他家在一夕之間破產。據說某天他家的木材工廠起火，整個廠房付之一炬，在此同時，胖子爸爸幫朋友作保，朋友跑得不知去向，所有的債權人全都跑到他家來要債，胖子爸爸氣急敗壞操勞過度，因此突然倒下，此後數十年間中風臥病在床。

面對家中驟變，胖子臨危受命，因此也來不及畢業，就在最後一學期連同家人徹夜搬離家鄉，從此不知去向。

二十多年後，有次要參加同學聚餐，行前好友說胖子也會去，我心想這麼多年沒見，胖子不知道又變成什麼模樣？到現場別說胖子沒認出來，很多老同學都變成「老歐吉桑」，能像我一樣被認出來的還眞沒幾個（哈哈哈）！胖子一看到我就立刻站起來要打招呼，這時我才注意到他手上拄著枴杖，只不過一時沒認出是胖子，小時候肥嘟嘟的臉龐仍在記憶裡，但眼前這個「胖子」是又黑又瘦，完全判若兩人，看得教人感慨時光易逝歲月不饒人，當年那個呼嘯而過的年輕人是何等意氣風發……

席間，胖子跟我說這十多年中的歷程，他曾經跑過業務也做過電動玩具，最後在批發檳榔時，因爲酒醉駕車遭卡車碾過下半身，有五年的時間下半身癱瘓，至今能拿著枴杖走路已經很神奇了。現在他不僅要養家活口，每個月也要負擔母親的醫藥費，生活除了苦不堪言之外，現在只求平安不要再增加其他負擔就好。

胖子的一席話讓在旁的大家不禁一陣唏噓，大家四目相望心有所感，老一輩的人說，十年風水輪流轉，看來也是一番體會後的語重心長。

同學會後的隔天，我又在雲林縣的四湖參天宮遇到胖子，該宮廟奉祀的主神是關聖帝君，胖子說他每年都會到這裡參拜，算算也好多年了。我問他爲什麼要到這裡拜？他說因爲有人跟他說，他與關聖帝君有緣，上次的車禍如果不是關聖帝君出手相救，他恐怕早已命喪黃泉，所以，當他能走路之後就會偶爾來參拜謝恩。

我又問他，這幾年拜下來有沒有什麼特別的感覺？他想了想，苦笑了一下說：「保平安就好，拜拜是個心理安慰，大家不都這樣？」我笑了一下，這種回答我聽多了總是見怪不怪，於是又問他：「關聖帝君說要給你一個好運，你接不接受？」他先是一愣，後又笑說：「什麼好運？中六合彩？」我說：「說不定比中六合彩更好，要不要試看看？」他有點靦靦的點頭。

於是我帶著他開始用見駕的方式拜關聖帝君，三十六炷香又跪又拜的跑遍整個參天宮，他行動不便上下樓有些困難，但他依然很有誠心的跟著我做，我邊做邊告訴他：「這是接師尊的儀式，你要記得，未來兩週，每週要來如法炮製一次。」他不明所以的點頭，還不解的說跟他平常拜的方式不一樣，我告訴他，其實差不多，只是多了幾個步驟，效果就差很多，不信以後等著瞧！

見駕的儀式全部做好後，我拿廟裡的紙錢三份，再加上我幫他開的幾張疏文一起化到金爐裡，同時不忘叮嚀他還要來兩次。

一個月後我接到胖子的電話，一開口他劈頭就說：「太神奇了！」我立刻反問他：「中多少？」我以爲他眞的中了六合彩頭獎，他說，他的確中了幾萬元，但是令他高興的不是中獎這件事，而是他依我所說連續見駕三次後，那天晚上他夢見了關聖帝君，他隱約記得關聖帝君在夢裡跟他說：「早點來就好了！」說完俯身用手按壓他的腹部，登時他立刻覺得有一股暖流流貫雙腳，使他從夢中驚醒，這時他忽然發現他的腳似乎比以前更有知覺，他試著不用枴杖下地，竟然可以直接站立。「你都不知道，我激動到想大哭！」他說。

聽他在電話那頭說得興高采烈，我在電話彼端也分享了他的雀躍，但我心裡很明白，拜拜眞的沒有奇技可說，只要心誠再加上一點不同的方式，就可以收到無法想像的奇蹟。對他而言，中了區區數萬的確不值得言喜，但是夢中的關聖帝君，現實中的雙腿，因奇蹟感應所帶來的健康恢復，的確是萬金難買的悸動。

胖子在電話中也問到，爲何關聖帝君會說：「早點來就好了！」事實上他已經連續去好幾年了，我告訴他，同樣都是拿香，差別只在於是不是有用接駕的方式找到自己的引導神，再由引導神帶著去與神明溝通。胖子很幸運的是他的引導神正好是關聖帝君，又出其不意的讓我在關聖帝君的廟中遇見他，於是我就順水推舟幫他接了引導神而已。關聖帝君會說那句話，其意思也是在說明做了見駕的動作後，促成了靈體與靈體的交會，此時才算是彼此間達到溝通與協調的階段。

對於這樣的說法，並非反駁經常按一般方式拜拜的人，只是想說明在一般性的拜拜之前，若再多一道請引導神的程序，將會使得拜拜的靈驗度向上提昇。

拜拜應有的禮節及注意事項

人與人之間都有應該遵守的禮節，人對神也是如此，要知道現在是你有事去求人家，告求者就應秉持者應有的態度，就如同你有事去求見長者，衣衫不整、玩世不恭、態度鬆散、言語卑劣時，有能力的長輩看此人是扶不起的阿斗，閃避都來不及又怎會出手相救？每一個有能力的人都會希望他出手相救的人是一顆滄海遺珠，經他輕輕一推此人他日風生水起時，他也可以很驕傲地說：「這人是我幫的！」對於漫不經心的人，千年不朽的神會讓他回去反躬自省後再說。

記得「啵比團」（筆者與友人經常相約拜拜，戲稱大家都是「啵比團」的「啵比人」）中有一位朋友，某次參拜時被通靈者告知她某一世的父親，現在已經升格爲玉皇大帝，念在當日父女一場，當官的玉皇大帝老爹一心想拉拔她，不再受人間因果業力輪迴，因此，通靈者告訴她，她的父親已經等了她五世，如果她能虔心拜拜祈求，就可以幫助她諸事順遂。

莫名其妙被告知多了一位當神的爸爸，她的心裡當然是喜不自勝，逢人就說：「玉皇大帝是我爸爸耶！他等了我五世！」話語間充滿了被等待的喜悅，姑且不論神話的眞實性，但相信通靈者會這樣說，想必也是出於誘導她一心向上的善意，但是，她似乎不這麼想，每當不如意時，她就到廟裡「阿爸、阿爸」的鬼吼鬼叫，好像女兒在跟爸爸撒嬌似的，要爸爸一定得讓她幸福，恃寵而嬌的態度讓人見到了都會忍不住搖頭，都幾歲的人了還一副不成熟的樣子，但她自己卻毫無所覺，總是喜歡在人前人後，指著玉皇大帝的神像說：「祂就是我爸爸，祂等了我五世啦！」

有一天爸爸教訓逆女的戲碼突然就發生了，那次她仍然指著神像說話，突然間，她全身像被點穴般的動彈不得，她自己也嚇傻了，一切來得非常突然，她突然雙膝跪下，現場眾目睽睽全被她的情況吸引住了，她睜大著眼睛，向我們在場的每一個人求救。

大家心照不宣的知道她說錯話了，正猶疑該怎麼幫她時，人群中走來一位陌生的中年婦人，她瞪視著跪在地上的她，口中先是喃喃自語唸唸有詞，接著她突然以低沉類似男人的聲音開口唱詩（用的是歌仔戲的調）：「五世空轉歲月長，顛狂亂想夢一場……（以下記不起來）」，也不知道跪著的人到底有沒有聽懂，只是看她忽然就這麼若有所感的哭了起來，而我震驚的是若非天地有神，一個從人群中竄出的陌生人，怎會離奇的唱出「五世空轉」的詞來？

有些人喜歡被關注、被呵護、被等待的感覺，把自己矮化為一個凡事被接濟的人卻沾沾自喜樂在其中，然而在拜拜的過程中，神給予的是祝福與機運，眞正的身體力行者，還是必須擁有願意奮發向上的力量。

以她的例子來說，被等待五世並不是她表現優越而被允許人間遊玩五世，而是她冥頑不靈五世輪迴依舊不知悔改，神給了她五輩子的時間悔改，而她卻以此爲傲絲毫沒有反省之心，難怪陌生的老婦人會從人群中冒出來，指著她唱「歌仔戲」。但我認爲她被「定」在廟庭並非因爲她不知悔改，而是對神出言不遜、態度傲慢所致，因爲個人業力個人擔，神也許出於因緣之情代爲阻擋，使她能有機會修功補過，但如果爛泥敷不上牆，神也是無可奈何，除了痛心疾首之外，縱使神是萬能也無法推動她的身心使之趨吉避凶。

那次之後，她再三的道歉才恢復行動自如，但是江山易改本性難移，她仍然以她的本性沉浮於人生路途上，與前夫所生的兒女怨她沒有盡到母親的責任，同居的男人也離開了她，最後一個即將離開她的男人，在酒醉拉扯中失手將她殺死，現在她的第五世人生正式結束，而第六世呢？誰知道！或許是數百年後的未來吧！

對神的敬意是來自對祂神格的尊重，並相信祂的德行會給予我們正面的幫助或是啟發，但絕對不是來自於對祂的畏懼，畏懼祂不願意對你伸出援手，或是畏懼萬一對祂不敬將會得到祂所給予的懲罰。拜拜與其說是人與神面對面，不如說是靈與靈的面對，你的靈體能量若是自在愉悅的、眞心崇仰的，神性的能量就能接獲你所發射的這股善意，人與人的溝通是透過語言，而靈與靈的溝通則是透過「感知」，祂體會到你的謙卑、誠心、悔意、奮進，相對的就會賦予你所期待的力量，並使之在現實環境中，讓你親眼目睹加諸於自身的奇異恩典。

進退有度應該是對神誠心懇求的最終表現，就像有時候在電視上看到有人在總統出巡時，攔路請託總統代爲處理問題一樣，如果不是謙虛而誠摯的請求，就無法獲得大人物力量的垂青。神從來沒有因爲自己的無所不能，要求每個人都該卑躬屈膝於祂的神像面前，只有人遇到挫折困難無法解決時，才會抱著姑且一試的希望進入廟宇殿堂。既然是主動來求，當然就必須表現出請祈福佑的態度，因此千萬注意，一旦進入廟宇內，切不可隨意嬉笑怒罵，儀表神情皆應維持莊嚴肅穆，心平氣定，誠意爲上。

很多年前我曾在一座廟堂內聽見一位龍鍾老態的阿婆，她是這麼求的：她先對著神明三跪九叩，然後一字一句清晰地說著：「很感謝神尊讓我多活這麼久，讓我有機會可以在有生之年爲您效勞，現在我的兒女都已經長大成人，我不敢再奢求您什麼，如果我壽元未盡，剩下來的日子我就爲您效勞報恩。」

老婆婆說的很小聲，但我在她身邊卻字字聽得很清楚，後來才知道她在十多年前罹患癌症，當時她的子女都還在唸書，她又是個單親媽媽，於是她來到神的面前祈求，讓她能夠有足夠的生命將孩子撫養成人，她也願意在有生之年，成爲神的僕役，用她的勞動力換取生命的延續。自三炷香插下之後的十多年中，神應許了她的呼求，而她也堅持履行她的承諾至今。

人和神之間往往存在著「慈悲的交易」，靈驗與否、實現與否，往往在乎人的誠心而不是神的法力。就像這位老婆婆一樣，她並沒有充裕的錢財可以和神買賣她的生命，但她用堅定的心讓神同意跟她達成這個交換協議，至今阿婆依然健在，她的子女也都很支持阿婆的信仰，假日時都會接送媽媽往返廟中。

在這個眞實故事裡，我想說明的除了「慈悲的交易」之外，我還想爲大家釐清一個觀念，並非每一個病入膏肓的人，都能得到神的眷顧而延年益壽，最主要的原因是生命的始末是一個定數，神無權改變這個定數；但這也並非全然的定數，最主要的關鍵在於面對一個生命垂危的人，與其說神會庇佑你安全過關，不如說你要用什麼條件請祂幫你的忙？用錢或是心去感動祂，讓祂願意動用祂的功德換取生存與死亡的定數？

許多人都很在乎在廟裡求神時應該注意哪些禮節，事實上這些禮節在一般的教育裡我們都曾經學習過，只是平常「不求人」、「不求神」時，便以不拘小節聊以自慰，等到進入廟堂聖殿時，才開始擔憂稍有不慎誤犯神威，無法獲得神明的庇佑與幫忙，直接一點的意思就是因爲怕得不到幫助，所以願意遵守規矩，就像大人會對啼哭不止的小孩說：「不哭的話就給糖吃！」在神的面前如同小孩般的我們，是否也是這種孩提心態？怕做錯事而得不到大人的獎勵？這樣的心態如果按照宗教的說法，稱爲「有爲心」，因爲擔心得不到而刻意去遵守，和將禮節落實於生活習慣中，兩者之間有很大的不同，老子說：「清靜無爲」，並不是告訴眾人什麼都別做圖個清靜，而是說將進退有度、謹守份際融入生活中，自然不與人產生口角是非紛爭，那麼清靜的身心就會自然而愉悅的產生。

如果將神尊視爲長輩、父母般的尊重，其實所有的規矩就會變成「繁文縟節」，就像教徒咬緊牙關守著清規戒律一樣，放掉了咬緊牙關，心就輕鬆了，戒律融入了生活，就不會有戒律這種如緊箍咒的東西存在。因此，得道高僧參透此一玄機寫下了此一體悟：「心平何需持戒，行直何必禪修」，明白了這層道理，最基本的動作就是「禮敬」與「尊仰」，發自內心的恭敬感受，透過拜拜的過程，當神蹟顯現時，你就能深深體會到你恭敬的心，等同於阿里巴巴打開寶藏之庫的無上密咒。

拜神求好運之前，需先拜神求赦

雖然在《這樣拜才有效》、《這樣拜才有錢》二書中，一再提到**「拜神求好運之前，需先拜神求赦」**，但顯然很多人仍然不明白這個道理，一心以爲只要求得財神眷顧，就可以讓自己心想事成財源滾滾。這種近似「急功好利」的心態，即使短暫性的獲得部分的財富，但最後這些財富仍將盡歸宇宙虛空。猶如《金剛經》上所說：「一切有爲法，如夢幻泡影，如露亦如電，應作如是觀。」這是要大家眞正的看破功名富貴如過眼浮雲不必眷戀，所以它說的是「禪定」的念頭，然而，把這些話的內涵眞義用於求神求物的「有爲法」，似乎也是可以具體的道出世人求名求利時必須體會與領悟的眞諦。

如果修行、成佛必須用「無爲法」才能大徹大悟，那麼身在人世間的我們，面對諸多的欲望時，就必須使用「有爲法」來使自己的欲望得到滿足，至於未來該不該、要不要修佛，則是看自己個人的選擇，而不是將兩者混爲一談。

「有爲法」中要說的是：**先明白一件事的前因後果，再以身體力行的方式將之予以治標治本**。舉例來說：假如你認定現在的障礙來自前世的因果業力循環，並且認爲只要將前世的業力果報予以化解，現在所遇到的障礙就能夠迎刃而解，但是，前世的因果業力又該如何清償？大部分的人立刻想到的不外乎是吃素、唸經，但卻沒人知道要吃多久的素唸多久的經？如果認眞思考起來，似乎不是很行得通，試想如果我與人吵架，打了對方一巴掌，事後要和解時我跟對方說，當時不該打你一巴掌，所以我現在吃素還你那一巴掌可好？如果你是挨打的人，你會同意對方這種可以吃飽飯又不用任何物質賠償的道歉？如果道歉和賠償只要吃吃素就可以，那麼這世間的因果輪迴之說，豈不是太沉重了？

在人世間欠錢還錢、欠債還債是很理所當然的事，但是面對前世的因果時，你既無法知道到底欠人多少，也不知道所欠的債要怎麼償還，不過前世債影響今世的運勢又是不爭的事實，這時該怎麼辦？首先要解決的，是到底欠了什麼債？這個問題對於喝了「孟婆湯」輾轉輪迴的我們來說，是太過霧煞煞的問題，此時就必須問神，但是人與神又該如何溝通？這時「引導神」的職責就顯現出來了，前面提到過，「引導神」是屬於我們個人陰陽能量中的陰能量體，透過引導神與神明的溝通，很快就能找到發生債務的原因，找到原因之後，再繼續由神陪著你的引導神去和債主商談賠償條件，條件談妥後，便可開始執行清償履約。

在這整個過程中，我們的肉體並不會知道靈體與靈體間是如何進行溝通與協商的，我們可以憑藉「擲筊」來一一確認，該跪、該求、該拜、該燒紙錢等等，完全由肉體的我們來執行，不過其中仍有幾個關鍵點是大家必須先明白的：

1、當你在跪求的同時，你的靈體引導神也在與你一起跪求，因此誠心和懺悔就顯得特別重要，它關乎有能力的神是否願意出面幫你調解。

2、有能力的神一旦決定幫你作主時，祂會以祂的功德作爲賠償條件之一，使得債主願意與你和解，於此同時，你也必須透過紙錢燒化賠償給債主，債主得到你的「物質」和神應允的「功德」之後，它才會心滿意足的放棄債務追索。

3、你必須充分瞭解自己的債務要自己扛，神只是幫你調解，並且施捨祂的功德給你，而你自己也必須充分的付出你的債務代價：誠心和紙錢。

世間絕對沒有不勞而獲的事情，自己做錯了事，卻盲目的以爲只要誦經、吃素，有神作主就可以把自己的債務推得一乾二淨，有這種想法的人，即使吃了一輩子的素，債務仍然存在，最後仍然逃不過業力的追索。

不管你怎麼閃、怎麼推，業力的債務問題最後始終要面對，然而對我而言，債務的催索並不是重點，重要的是唯有解開業力的枷鎖，才能讓此生的我重新展開生活的契機。一旦知道業力導致運勢衰頹，又找到解決之道，那麼就沒有推開的理由，反而是堅決的面對，才能使自己獲得重生的機會。

有些人或許會自怨自艾爲何自己有那麼多業力債務要清償，爲何別人就沒有？爲何別人可以過著快樂安穩的生活？這樣的想法猶如生病的自己去羨慕他人健康的身體一樣，生病了就要找藥把身體治好，藥到病除之後自己就可以和他人一樣健康了，不同的藥有不同的療效，唸經吃齋是一種藥，請引導神作主燒紙錢也是一種藥，兩者間的差別是時間，有的藥一服見效，有的藥吃不死、治不好也是常有之事。

求財、求運之前要先「求赦」，最主要的原因就是希望自己的運，不要再被業力所纏縛，業力的條件來自於過去世的一切作爲，好的作爲稱爲福報，不好的作爲稱爲業障，業障的的全稱是：受到業力的障礙所發生的阻滯，這就是因果論的基礎。而誰可以解開這個年代不可考卻又眞實存在的問題？想來想去就只有廟堂中的神可以幫上忙，直接經由神的功德能量轉化業力的催索，應該是最快的方法之一。

我有一個從事藥廠業務工作的朋友，原本他的收入非常豐厚，但邁入中年之後，他的健康卻突然亮起紅燈，有一天在工作時突然暈倒，送醫急救後發現他得到罕見的疾病，這種病讓他肌肉逐漸的萎縮，有的說是漸凍人有的說免疫失調，不管怎麼說，他的病情的確逐漸惡化中，不僅使得他的健康受到嚴重打擊，甚至家中生計也頓時陷入困境。他就這樣飽受病魔摧殘無法工作，情緒最低落時，他一度還想結束自己的生命，但他說當時他卻連自殺的能力都沒有，再者子女嗷嗷待哺，就這樣了結一生他也死不瞑目。

他的太太在群醫束手無策之下，抱著姑且一試的猶疑，學人捧香拜神，透過引導神的牽引，慢慢得知原來他的丈夫在某一世中，曾因販賣假藥害人致死，而今身體上的病痛，正是要清償那世昧心所爲。姑且不論這個故事是否屬實，但他的太太抱著寧可一試的信念，到地藏王廟宇中請求幫助，得到地藏王的允許（開赦），接著開始辦理解冤親債主的事宜。說也奇怪，從那時之後，她的先生病情逐漸穩住沒有再惡化下去，後來他們又遇到一位好醫生，在醫生的悉心照料下慢慢有點起色，他的先生在可以恢復行動之後，立刻親自到地藏王廟磕頭謝恩，從中他們體會到冥冥中的那股不可違逆的業力，如果沒有找到有效的方法，即使散盡家財也無法得到具體的解決，而這有效的方法就是先求開赦。

拜拜時要準備的四品禮物

拜拜求神時不僅心意要到，該準備的有形物質也不能馬虎。這些有形物品爲求統一，因此全稱爲「四品禮物」，主要是由供品、紙錢、疏文組合而成，分述如下：

禮品

禮品是指拜神時必須準備的伴手禮：花、果、燭等三樣東西，無論做任何的祈福、解厄、制煞，這三樣東西是絕不可缺少的。

1、**花：**通常是指一對，也就是兩束之意。一般只要對店家說明是要拜拜用的，通常店家就會幫你配好，價錢部分可以根據個人經濟量力而爲，有些人或許不喜歡配好的花，以單品拜神也是可以的。向神供花在佛教的說法是表示來世可以成為俊男美女；而在靈山一派中，向神供花是代表以花的美麗和香氣與神結緣，代表供花的人心如花朵般的清純優雅，在神的面前綻放誠意與虔心，祈求以此良緣蒙神垂憐慈悲牽引，因此，重點不在花的昂貴或廉價，而是在於締結緣分的誠意表達。

2、**果**：果一般是指當季的水果，台灣的宗教信仰普遍喜歡以「五果」供拜神明，有的人以金木水火土的五行解釋五果的由來，有的人則認為數字一至九之中五居中為土，所以代表東西南北以及中央，因此認為這是五果的由來。而靈山宗也採取了五果供拜的習俗，但卻認為眞心的拜出好結果的意義遠遠超過以上這些習俗之說，所以選用的水果大都是圓的、甜的，對於酸、澀、苦的水果較不採用。

一般常見的蘋果、梨子、柑橘、桃類、小西瓜、鳳梨、香蕉、葡萄等，就常常成為供桌上的常見水果；而一些如檸檬、桑椹、釋迦、芭樂、蕃茄、蓮霧等等的果類，大都因為水果名稱不佳或是種籽易食入腹中被視為不敬，因此較少作為拜神的供品。

拜神的五果也是根據個人能力酌量購買，有的人以爲買的越多拜拜時就會越靈驗，因此大肆購買，最後卻因吃不了那麼多而任其腐朽敗爛，反而造成了浪費，這樣不僅失去了拜神的意義，同時也讓你所拜之神爲你承擔了浮誇浪費之責。

3、**燭**：點上一對紅蠟燭是代表祈求獲得神力的加持，能如燭火般的光明，照耀鵬程萬里，一般個人的拜拜務求攜帶方便，所以以簡便爲原則，現在一般紙錢販賣店都有賣小的防風蠟燭，買一對回家後，每次拜拜都可以重複使用，既經濟且環保。

以上的花果燭不管是拜神祈福、解煞、赦罪、開運等等的拜拜儀式都會用到，因此是不可或缺的敬拜禮品。

敬品

除了禮品部份的花果燭之外，敬品也是必須準備的。所謂的敬品是指燒化給神明的紙錢，一般俗稱爲四色金，大部分的廟宇內都會準備這種紙錢提供香客使用，但是四色金是一般北部的稱法，中南部的廟有時不稱其爲四色金，只是放在廟內供大家隨喜樂捐拿取。

一般四色金的組成是指大箔壽金、壽金、刈金、福金，但每座廟的配法不同，有些會酌加白錢、黃錢、甲馬之類的，有些則依據當地的習俗改換爲太極金或是天尺金等等，因此爲了統一南北各地廟宇四色金的不同，在本書中後面所提到的四色金部分，一律改爲「廟金」作爲區別。

一般人在廟中取用廟方所提供的廟金，大都是只拿一份，但若是有特地性的目的去參拜，例如求財、求解厄等等時，大都是拿三份或六份或九份不等，其中的差別是單拿一份就是一般的燒香祈福，而拿三份以上則是因爲有特殊性的事情請求幫忙，兩者間是不相同的。

廟金的旁邊一定會有一個功德箱，讓香客隨意樂捐廟金錢，因此，別忘了取走紙錢時也必須投錢進去，這些錢也是資助廟方繼續經營下去的主要經濟來源之一，使用者付費是必然的，可別貪小便宜以爲四周無人拿著就走，天知、地知、你知、神知，帶著內心的罪惡感在神前請祈福佑，怎能歡喜自在？

若是廟內沒有提供紙錢，要自製廟金則是依照前面所說的四種紙錢，各取一支組成一份即可。

祭品

由於我們入廟求神都是有特地性的目的，而這些目的都是透過紙錢來完成，因此，還要爲這些事特別準備專用的紙錢或蓮花、元寶等等，這些紙錢在此我們一律稱爲祭品。

不同的事情有不同的祭品和數量，例如求財時要有元寶、福金等等，求健康時要有刈金、解厄錢等等，祭品的數量是根據擲筊而來，在每一次即將燒化紙錢之前，都必須向神稟報最後的總數量，並且請示是否足夠辦理此次的事情，獲得一次的聖筊之後，即可以將所有的紙錢拿去燒化。

文品

文品一般包含常見的疏文和靈山法師用的靈文，一般疏文書寫的方式大都是報上求者的姓名出生年月日和住址以及寫明祈求何事準備了哪些四品禮物，這種簡便式的疏文很適合一般人的個人拜拜之用，不需要過多的繁文縟節以及文藻修飾，只要簡明扼要的寫出目的，帶著一個炙熱赤誠的心求神就可以達到與法師辦法會相同的功能。

至於法師的靈文是指法師們透過修行的方式，獲得某一種職級的認定，而成爲神的代言人，幫助有求者達成心想事成的目的。

由於要成爲靈山法師必須經過多道程序的認定，才具有某些職權和開靈文的能力，並不是每個人都可以以法師之名開靈文，因此只在此做簡單介紹而不加詳述。

第三章

引導神帶你求事業

工作、升遷、創業、東山再起

台灣是個多神文化地區，只要喊得出來的神，不管哪一宗那一教，都會有人接受並且信奉膜拜，至於靈驗與否則是見仁見智、各有說法。而在本書中所提到的各類事項的求神事宜，主要是以事件爲主，教大家針對某一個心願做出有效的求神事宜，而不是在教大家認識各路神兵神將；另一方面，由於神族太多，一般少見的神或是較少爲人供拜的神在此則略去不提。例如有人拜「金花夫人」或是「水泥聖母」等等較屬於區域性的神祇，因礙於不夠普遍大眾化，因此其拜求的方法也無法在本書中一併提出。

本書所提到的神祇，大都是一般人的共同信仰，筆者只是針對不同的需求，提供讀者們可以遵循的步驟以及有效的拜求方法，所得到的效果感應，往往是如寒天飲冰冷暖自知，而**其中的關鍵，就在於拜拜的心態了**！許多人債務出現危機時，試圖想以拜神力挽狂瀾，但並非每一個人都有這個機緣可以藉由神力，讓自己在谷底時突然攀升，不確定的原因在於個人的環境資產，如果失意的人身邊仍有可茲輔助的資源，神意會在冥冥中牽引這些資源來幫助你；如果周遭沒有任何的機會可以借助，那麼就必須等待了結此事，讓神意再創造另一個東山再起的機會，以彌補現在的虧損。因此，每一件神蹟的進展都需要時間的催化，不可能現在撒種馬上就能獲得豐碩的果實，所以等待時間的熟成是非常重要的事情。

但許多人都希望香一插上馬上就顯化神蹟，把神明當成魔術師，要求頃刻間變出現金化解危機，這種想法不僅為難神明也為難自己，更是對拜神求事極大的誤解。要知道在神的面前，誠心是一顆種籽，必須用恆心來灌溉、用耐心來等待，種籽如果是健康的（誠心的動念是正確的），那麼發出來的幼苗才會是健康的，健康的植栽就會比一般的植栽成長快速，也會更早收成，所以諺語才會說：「好的開始是成功的一半」。人生運勢的因果也是取決於一念之間，所謂的一念天堂、一念地獄，講的就是一開始的起心動念，**拜拜有時候不僅僅只是祈福而已，它包含著對自我的反省與策勵，一昧的將所有的希望寄託於神明身上，但卻不反思己過，不但是不智之舉也是不負責的態度**。

所謂的不智，是因爲不懂得懺悔反省的人，基本上並不會獲得神明的庇佑，就像一個冥頑不靈的人，把自己的不幸歸咎於是受到外在環境的拖累，卻不想想是不是自己哪些行爲、想法不當，而受到了阻礙，通常不懂得反省的人也必然是屬於怨天尤人的性格，然而在神意的解讀裡，神並非在意你是否眞正的發出懺悔心，祂憂慮的是一個人如果不懂得順勢而爲，被自我的固執所羈絆，即便祂願意臨危伸出援手，卻也無從幫起。但是欲求順勢而爲則又必須用謙卑的心、從自我懺悔開始做起，懺悔的想法一起，它會讓自我精神開始沉澱，如此，才有時間與空間讓自己處於靜思熟慮的氛圍中，也才能慢慢反省自己的過去中，有哪些事情作法不當而尋思改善之道。

許多宗教都有懺悔文，但是念懺悔文的眞正意義，是提供給眾人一個沉澱自我的時間與空間，並不是很單純的以爲唸完了那些文字，就可以還自己清白之身，洗滌自己一身的罪孽。說罪孽是很沉重的，有些宗教家喜歡以這種詞句加重眾人的負疚感，以此反證自己的重要性，然而站在試圖改變現狀的立場上，這樣的「救世主」地位又眞的能給世人帶來什麼？

一個人的業力影響性如果是要以「罪孽深重」來形容，那麼佛經上說的「人身難得」就無法成立，按照六道輪迴的觀念來說，罪孽深重的人應該是輪迴到惡鬼道或是畜生道，如果可以重新輪迴人道，那就表示自己的功過仍有機會得到享有或是救贖。因此，人身難得的後續應該是建立在惕勵的基礎上，鼓勵大家在此生接受、面對、解決過去的問題，所以，懺悔與反省應該是要發自內心，而不是以爲唸完十萬遍懺悔咒就可以獲得赦免。

所謂不負責的態度應該理解爲：自己所犯的問題，自己不勇於承擔，卻期待神明如魔術師般的幫你負責一切。生活周遭所發生的一切事情，其實很難說對錯，同一件事在他人的眼裡是對的，在自己的眼裡卻是錯的，人們每天忙於分辨對錯並且樂此不疲，然而對與錯是看法與立場的問題，如果把對錯的角度轉換爲好壞的觀念，那就是價值性的問題，原本以爲投資是一件好事，能對自己的財富有所增益，於是傾盡所有孤注一擲，最後卻事與願違一無所有，這時他才發現自己負債累累，於是開始請神保佑他一定中彩券，以改善經濟狀況或是償還債務，但是，反觀這一切發生的經過，從開始的欲望發想到最後的鎩羽而歸，身爲第三者的神並未參與任何意見，又有何立場在你失敗時，還要送你一筆不勞而獲的錢財幫你抒困？易位而處，如果你是神，你會願意如此普施散財？

神幫助眾生的先決條件是先看受困者的心態，再看他的持續力，最後決定要給予多少的惠濟。一個人如果瀕臨非求神不可的窘境時，先要學習的就是承認自己的問題，並且勇於接受，此外，也願意未來在獲得改善之後，以一己的能力，如神般幫助相同的受難者，有了這樣的發心，跪在神的面前時，很難不蒙獲感應的。

全台奉祀玉皇大帝、玄天上帝、關聖帝君廟宇

宜蘭、花蓮、台東區

名稱	主祀	地址	電話
大里慶雲宮	黑面、金面玉皇大帝	宜蘭縣頭城鎮石城里濱海路七段三三號	03-9781575
玉尊宮	玉皇大帝，又名草湖天公	宜蘭縣冬山鄉大進村進偉路七二七號	03-9516132
礁溪玉清宮	玉皇大帝	宜蘭縣礁溪鄉柴圍路四八之八號	03-9281923
冬山天照宮	玉皇大帝	宜蘭縣冬山鄉太和村冬山路二段七五號	03-9591891
台東靈霄寶殿	玉皇大帝	台東縣卑南鄉富源村志航路二段一二〇之一號	089-222702
礁溪協天宮	關聖帝君	宜蘭縣礁溪鄉中山路一段五一號	03-9882621
頭城協天宮	關聖帝君	宜蘭縣頭城鎮大坑里協天路五九九號	03-9772050

名稱	主祀	地址	電話
壯圍同天宮	玄天上帝	宜蘭縣壯圍鄉復興村壯濱路二段四七號	03-9385941
北部、桃竹苗區			
名稱	**主祀**	**地址**	**電話**
淡水天元宮	玉皇大帝	台北縣淡水鎮北新路三段三六號	02-26212759
松山奉天宮	玉皇大帝	台北市信義區福德街二二一巷十二號	02-27279765
桃園北靈宮	玄天上帝	桃園縣龜山鄉龍壽村大菁坑青龍嶺靈龜岩十二之一號	03-3298685
五指山玉皇宮	玉皇大帝	新竹縣北埔鄉外坪村八鄰六股一一號	03-5802053
後龍北極宮	玄天上帝	苗栗縣後龍鎮灣寶里十鄰一一四號	037-4433262
龍潭南天宮	關聖帝君、玉皇大帝	桃園縣龍潭鄉上林村溝東一〇〇之一號	03-4792375
中區			
名稱	**主祀**	**地址**	**電話**
沙鹿玉皇殿	玉皇大帝	台中縣沙鹿鎮四平街一二三號	04-26625184

龍井三陽玉府天宮	玉皇大帝	台中縣龍井鄉竹師路二段一一二巷四六號	04-26352690
中市聖壽宮	關聖帝君	台中市北屯區東山路二段五六號	04-22390092
中市南天宮	關聖帝君	台中市東區自由路三段三〇九號	04-22111281
松柏嶺受天宮	玄天上帝	南投縣名間鄉松山村松山街一一八號	049-2581008
日月潭文武廟	關聖帝君	台中縣魚池鄉中正路六三號	049-2855122
南區			
名稱	**主祀**	**地址**	**電話**
斗六南聖宮	關聖帝君	雲林縣斗六市南聖路三〇一號	05-5325335
四湖參天宮	關聖帝君	雲林縣四湖鄉關聖路八十七號	05-7872444
阿里山受鎮宮	玄天上帝	嘉義縣阿里山鄉四十五號	05-2679582
梅山玉虛宮	玄天上帝	嘉義縣梅山鄉中山路七十二號	05-2624135
關仔嶺碧雲寺	金面天公	台南縣白河鎮仙草里火山路一號	06-6852811
歸仁武當山廟	玄天上帝	台南縣歸仁鄉東二街四二巷二〇〇號	06-2713775
關廟山西宮	關聖帝君	台南縣關廟鄉正義街三七號	06-5952135
麻豆文衡殿	關聖帝君	台南縣麻豆鎮南勢里關帝廟二三號	06-5722473

下營北極殿	玄天上帝	台南縣下營鄉中山路一段一號	06-6892362
玉井北極殿	玄天上帝	台南縣玉井鄉中正路一〇二號	06-5743788
台南玉皇宮	玉皇大帝	台南市佑民街一一一號	06-2238649
台南開基武廟	關聖帝君	台南市新美街一一四號	06-2214671
台南祀典武廟	關聖帝君	台南市永福路二段二二九號	06-2294401
鳳山天公廟	玉皇大帝	鳳山市光明路一五一號	07-7463815
東照山關帝廟	關聖帝君	高雄縣大樹鄉小坪村忠義路一號	07-3710981
燕巢靈霄寶殿	玉皇大帝	高雄縣燕巢鄉大占巷十九之十號	07-7155568
左營元帝廟	玄天上帝	高雄市左營區左營下路八七號	07-5832468
左營中天大寶殿	玉皇大帝	高雄市左營區左營下大路五四九巷一號	07-5817661
左營北極殿	玄天上帝	高雄市左營區海平路二號	07-5827102
九龍山西岐城	玉皇大帝	屏東縣長治鄉新興路九九巷七三號	08-7622191
竹田覺善堂	玉皇大帝	屏東縣竹田鄉龍門路二六號	08-7793709
屏東玉皇宮	玉皇大帝	屏東市自由路一四五號	08-7521793

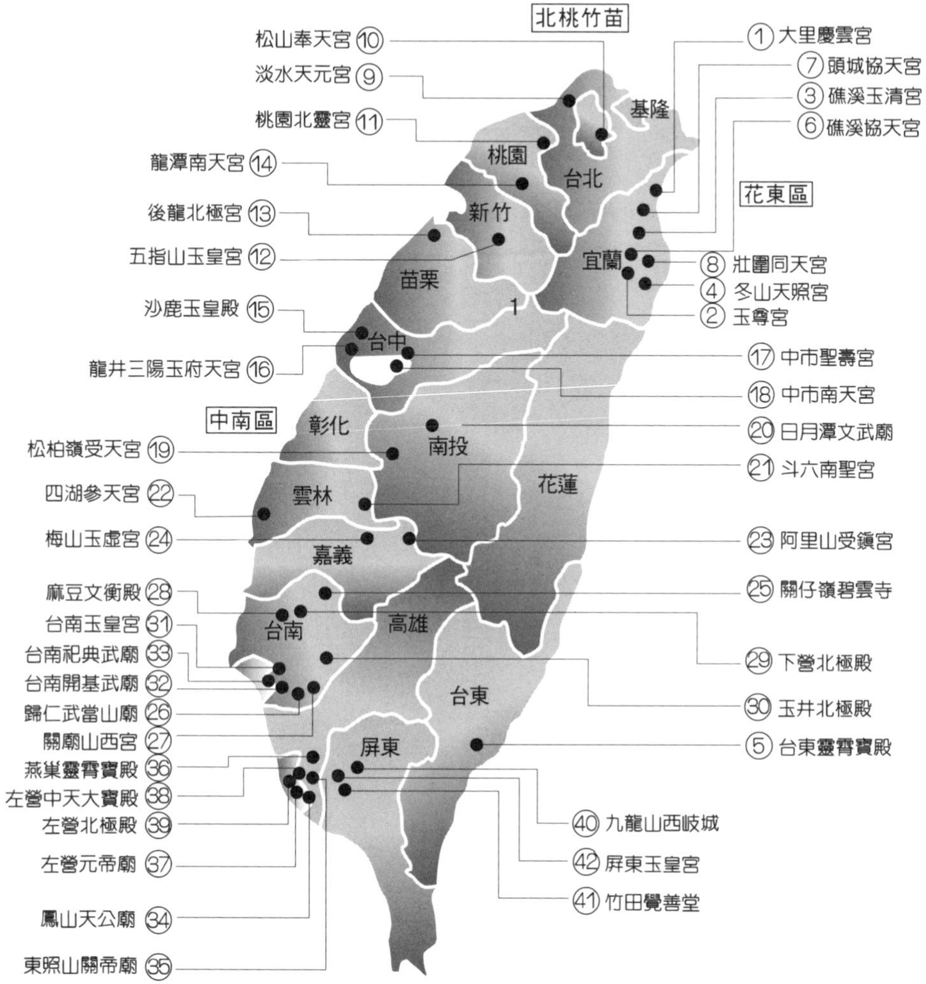
北桃竹苗
松山奉天宮⑩
淡水天元宮⑨
桃園北靈宮⑪
龍潭南天宮⑭
後龍北極宮⑬
五指山玉皇宮⑫
沙鹿玉皇殿⑮
龍井三陽玉府天宮⑯
中南區
松柏嶺受天宮⑲
四湖参天宮㉒
梅山玉虛宮㉔
麻豆文衡殿㉘
台南玉皇宮㉛
台南祀典武廟㉝
台南開基武廟㉜
歸仁武當山廟㉖
關廟山西宮㉗
燕巢靈霄寶殿㊱
左營中天大寶殿㊳
左營北極殿㊴
左營元帝廟㊲
鳳山天公廟㉞
東照山關帝廟㉟
①大里慶雲宮
⑦頭城協天宮
③礁溪玉清宮
⑥礁溪協天宮
花東區
⑧壯圍同天宮
④冬山天照宮
②玉尊宮
⑰中市聖壽宮
⑱中市南天宮
⑳日月潭文武廟
㉑斗六南聖宮
㉓阿里山受鎮宮
㉕關仔嶺碧雲寺
㉙下營北極殿
㉚玉井北極殿
⑤台東靈霄寶殿
㊵九龍山西岐城
㊷屏東玉皇宮
㊶竹田覺善堂
基隆
桃園
台北
新竹
宜蘭
苗栗
1
台中
彰化
南投
花蓮
雲林
嘉義
台南
高雄
台東
屏東

全台廟宇推介原則

全台各地都有許多大大小小的廟宇，本書中所介紹的廟宇，秉持以下原則：

- 介紹香火鼎盛的大廟為主，私人宮廟不做介紹。
- 無法接受大眾燒紙錢的廟也不做推介，因本書係以燒紙錢為方法的拜拜開運書。
- 眾宮廟都需大眾扶持，因此對於開門接受大眾信仰、尊重民眾習俗的廟宇，請多給予護持。
- 全台廟宇眾多，無法一一詳述，有不足之處敬請自行補充。

求工作，怎麼拜才有效？

大約三年前我認識了一位叫小金的朋友，他從知名的研究所畢業，意欲擠身科技行業裡，除了本身的高學歷之外，他還在課餘時間考取了數張證照，想要爲他未來的人生鋪路。在家人或親友的眼中，他日鴻圖大展是指日可待的事情，然而，退伍之後，他寄了許多履歷到知名公司卻都石沉大海，若不是音訊全無，就是面試一次之後就毫無消息，這對他來說，不但是很大的打擊，對家人來說更是覺得不可思議，他在家中賦閒一年多，並且常以「龍游淺灘遭蝦戲」自嘲。

家人爲了他的工作問題到處求神問卜，於是各種奇怪的說法便紛紛傳出，有算命的老師說他命帶魁罡需要祭改才會前途光明；有通靈的法師說他家的祖先牌位被人作法，因此影響了他的前途；更怪異的說法是他被一個無名女魂跟住，女魂要求小金跟他冥婚，「事成之後」保證讓他金榜題名前途似錦……

家人聽了無數的「理由」，若不是索價高昂，就是荒誕不羈讓人不知從何辨起。例如「冥婚」讓他們擔心個老半天，又不願意莫名奇妙娶一個完全沒有「感情基礎」的「陌生女子」，況且還是出於利益掛勾！這種古老的鄉下說法，無論如何都讓他們無法接受，小金的女友更是第一個反對，她說那女的一進門，那她不就立刻降爲「小三」？

小金的媽媽是位虔誠的佛教徒，聽人說持誦十萬遍咒語就能獲得天神幫助，於是有一段時間金媽媽力持不輟，但是時間一久也忘了到底唸過多少次了，過沒多久持咒這事也就不了了之。但是母愛眞偉大，金媽媽有空還是會去廟裡上香，求求座上的神明保佑她那優秀的兒子能早日有個好工作。

金媽媽是好友的同事，有天我們在廟裡遇上了，說起了金媽媽在幫兒子求工作的事情，於是我建議她不妨去請關聖帝君幫忙，但她說她從沒拜過關聖帝君，因此不知道關聖帝君願不願意幫她的兒子。我對她說，拜拜除了誠心之外，還要懂得方法，就像一個人一天到晚想發財，所以每天跟人看股價看曲線，別人看到的是漲跌，而他看到的是線條，關鍵就在於他有沒有具備看曲線的方法。所謂外行的看熱鬧內行的看門道，只是很單純的跟人拿著香膜拜，卻不去思索箇中奧妙，就很難像別人一樣求得靈驗。大部分的人都以為只要誠心誠意就必得神助，此話聽似有理實則不然，大家去想想，每個人對自己的事情都很在意，因此才會不遠千里入廟膜拜，但是，為什麼有的人心想事成有的人事與願違？

道理很簡單，從輪迴的角度來說，平安順利的人是來享受福報，阻礙困頓的人是來接受業力，業力與福報是一體兩面的事物，但它們都來自因果的輪迴，有福報的人自有他前世的功德可享，即使不拿香也是在此生福祿壽齊全；有業力的人在此生面對的是前世的因果，所以凡事受因果業力所阻，無法享受前世的福報。也就是說，前世的福報被前世的業力所阻攔，使得自己在某些事情上事倍功半或是徒勞無功。

如果仔細的思考，現在的困難是來自於業力所阻，如果把業力解開，那麼福報豈不是可以順利進入自己的運勢裡？福報和業力都是自己招來的，因此，站在神的面前，大部分的人都祈求福佑，卻沒人請神指點如何解開業力束縛，木雕的神像絕對無法開口指示你要怎麼改變你的運勢，但祂會在冥冥中**製造某些人、事、物的機會，給你靈感或是讓你遇到某些人、看到某些事，藉而提醒你該怎麼去解決你目前的困厄**。

因此，拜神的前提是先請求給予補過飾非的機會，再求給予重生的新機，然後再以助你之神的名義行功造德答謝神恩，以上的機制如果能夠全面瞭解，並且徹底執行，好運的生機必然是綿綿不絕。

很多人都在等待奇蹟，然而，奇蹟是你自己創造出來的，絕不是在空等中憑空而降，該怎麼收穫就應該先怎麼栽，任何事都是一樣的道理，拜神求事也不例外，想投機走捷徑、想偷懶取巧偷工減料，別說拜神，就算去做任何事也斷然不會成功的。

我把這道理告訴金媽媽，又跟她說小金跟關聖帝君很有緣份，並建議小金去請關聖帝君成爲他的引導神，接著又告訴她該怎麼向關聖帝君求工作運，金媽媽將信將疑的如法炮製，大約三個月後，小金終於進入一家人人稱羨的公司，據說那家公司的年終分紅十分讓人稱羨。

但更令人稱奇的是，小金早在一年多以前就將履歷表投入該公司，卻一直沒有獲得任何回應，經過了將近兩年的時間，這家公司突然來信請他去面試，並且當場決定錄取他，這對小金來說簡直是連作夢都不敢想的事，當然金媽媽此後對關聖帝君也就拜得更勤，紙錢燒得更多了。

帶著引導神去求神，在我的拜拜經驗中，是很重要的事情。如果說我的肉體是得自父母所生，在未成年之前，照顧我成長的就是我的父母，而引導神的地位等同於如父母般的尊貴，祂就好像是靈體的父母，肩負著引導我完成此生任務的神祇。祂就像我的監護人一樣，我此生的優勝劣敗都與祂息息相關，因此祂有責任和義務引導我趨向榮景，而我對祂也有相對的義務必須貫徹，在陰與陽的兩個空間中彼此扶持彼此成長，因此，找到自己的引導神並請祂陪同一起求神是重要的事情，同時也可以使之事半功倍。

一般來說，若是希望找到一個可以讓自己發揮實力的工作，通常會建議大家去請求玉皇大帝協助，玉皇大帝是人間道的最高領袖，轄下配有三官大帝，上元天官賜福，中元地官赦罪，下元水官解厄，在我的另一本書《這樣拜才有錢》中有提到「天赦」，主要的作法就是在天赦日時，到玉皇大帝的廟殿裡請求開恩赦罪，經擲筊獲玉帝同意之後，玉帝即命三官大帝即行處理，三官大帝秉承玉旨爲求者賜福、赦罪、解厄。

然而「求赦」是有時間性的，在每一階段中都會有如同債權人般的業力出現催索，因此，一般的「天赦」都是一年至少兩次，每次的時間大約是春秋二季，爲何要選在春秋二季？原因之一是一年之計在於春，在年初的時候辦理「天赦」以求未來一年風調雨順，行事順利展現機會；原因之二是秋季是收穫的季節，是有形物質的豐收期，在此期間辦理「天赦」，等同於在採收前做最後的除蟲，避免辛苦一時的農忙受蟲蟻蛀蝕。人們辛苦奔忙勤奮工作，無非就是希望能勤有所得，但許多時候無法控制的漏財，卻讓人束手無策只能眼看辛苦付諸流水，因此，在秋天辦理「天赦」就是爲了防止財庫破漏，減少財務損失。

祈求工作運也是相同的道理，有位朋友早先接受我的建議，在一段時間的虔誠拜拜後，終於找到適合的工作。但是，此後由於工作忙碌便停止了拜拜，到了年底公司將行裁員時，他也赫然出現於資遣名單中，當時，他心灰意冷的認爲他已經有拜過，爲何還是遇到工作即將不保的厄運？因此，他說他再也不相信拜拜。

其實，說穿了，神像不過是一塊木頭雕刻出來的，不管你的態度是虔誠或是質疑，木頭雕的神像永遠不會對你開口抗議或認同，也就是說，不管你決定信或者不信，祂永遠坐在案桌上看著你的下一步未來。**神的靈性並不在於那塊木頭上，而是在於當你謙卑的信任神的靈驗時，祂的能量才會化為不可思議的神奇**。換句話說，當他決定不再相信的刹那，他也同時否決了自己的力量，神不會開口勸你接受祂，祂只能耐心的等待你重拾信心與動力後，祂才能再度與你的能量交流。

求工作運要向玉皇大帝稟報，就好像已經成年的孩子，在打算出外打拚時，先行向如父親般尊貴的玉皇大帝稟報，祈求玉皇大帝允許他出外奮鬥，並且獲得在外的諸多幫助。

我的朋友大白肩負著家中的主要經濟命脈，父母、兄姊、姪兒、外甥等等全家大大小小無不靠他支援，走運時全家靠他一人，不走運時錢賺少了、惹上官司了、身無分文了，家人你看我我看你，每個人都一副束手無策的茫然。大白的心裡無時無刻都是空虛的，他每每渴望父母的噓寒問暖卻不可得，渴望兄弟姊妹的支持也不可得，一個人在外流浪飢寒交迫時他不敢回家，他害怕家人開口閉口都只是探問他有沒有錢。

後來，他決定開始從拜拜中再出發，經過了一段時間，他的工作契機出現了，收入越來越豐富，他一樣資助著家中的每個人，但心境卻不像過去那樣的淒冷，他曾經很感慨地說：今生的家人他無從選擇，是好是壞他總是一定要跟他的家人綁在一起，但他在家人身上得不到的愛，案上的神都彌補給了他。有了這層感觸之後，他拜得更虔誠，而工作的運勢也讓人稱羨眼紅。然而站在局外人的立場，我卻深信他有足夠的資格秉受神尊給予他的愛與力量，對家人他永遠不離不棄，對於他的信仰他始終堅定不移，在現實與抽象的空間中，他找到了堅定的位置，這樣的人不僅可以獲得他人的尊重，更對神尊給予的愛當之無愧。

要向玉皇大帝祈求工作運，除了四品禮物和誠心外，在稟報時務必把握人、事、時、地、物的五項原則，也就是要先把身份稟明清楚（人）、希望能獲得什麼工作（事）、希望工作地點在哪（地）、希望能有什麼待遇（物），希望何時可以找到（時），總之，說得越清楚，可以擁有的機會就越大。但還是要把握意簡言賅的原則，不要一長串不知所云，把自己和神都搞糊塗了；當然也不能抱著什麼都不說，認爲你在受苦受難神一定都知道，所以一切盡在不言中。老兄！神一定知道你現在水深火熱，但祂可沒義務一定要幫你，沒有透過你的「求」的步驟，祂大可老神在在氣定神閒享受人間香火，要知道「神佛不破因果」的定律，你自己不求，祂可不會自告奮勇一肩扛起你的因果業力。

相反的，你開口求了，神就會基於你的登門相求而展現神威。

因此，**「求」是一個很關鍵的階段，那代表你同意請祂幫你處理你的因果業力**，如此一來，祂才能接受你的委託，向你的業力進行協商，以祂的神權和你的誠意幫你打開一條出路。

這是我長期拜下來很有感觸的一個心得，我始終覺得當你手上拿著香面對無語的神像時，回歸到心靈的最深處，並不是祈求庇佑，而是祈求祂能和你一起完成某一個「交易」，當交易完成時，你得到你需要的，神也得到祂所需要的，大家都公平的對待彼此，這才是「正信」、「正念」的信仰，一昧的祈求施捨卻不知回報，即使獲得短暫的擁有也無法永續恆昌。

向玉皇大帝求工作運，該準備什麼四品禮物

1、花一對（大小、價格不拘）。

2、五果（以當季水果爲主）。

3、紅燭一對（大小不拘）。

4、廟裡提供的紙錢三份（要記得添香油錢）。

5、功德金（金額隨意，但要索取收據。另在收據空白處，以紅筆寫上：以此功德迴向〇〇宮（廟）玉皇大帝暨眾神，助我順利謀求工作）。

6、紙錢：

- 壽金十支（環保型）。
- 福金二十支（環保型）。
- 刈金三十支（環保型）。
- 天公金十支（環保型）。
- 補運錢三十支。
- 十二元神紙十支。
- 解厄錢三十支。
- 黃錢、白錢各十支。
- 甲馬十支。
- 壽生蓮花十二朵（要蓋大拇指手印，男左女右）。

拜拜步驟

1、到了廟後，要先呼請自己的引導神進來與神溝通。點上香後，先背朝廟外向天呼請引導神前來（尚未有引導神的人則呼請：奉請諸天過往神佛），請引導神時要恭敬的唸誦：

奉香拜請師尊（引導神），弟子〇〇〇今日準備四品禮物前來〇〇宮（廟）請求玉皇大帝庇佑順利找到工作，在此祈求師尊（引導神）作主，庇佑今日所求圓滿順利。

2、拜好後，入廟對主神玉皇大帝（能跪下最好）唸誦（以下舉例，請依個人需求替換）：

奉香拜請玉皇大天尊在上、案上諸神尊在上：
　　弟子王小帥，民國七十五年三月三日吉時出生（農曆、國曆均可）現年二十五歲，現居台北市忠孝東路八段八號八樓。今日備辦四品禮物前來請求玉皇大天尊作主，指引弟子一個工作機會，弟子學的是網頁設計，祈求天尊作主讓弟子能夠學有所長得以發揮，能得貴人提攜學以致用，並能人事和諧收入穩定，得蒙庇佑，弟子定當行功造德廣宣神威答叩神恩，並祝本廟香火鼎盛，眾神神威顯赫。

　　3、向主神稟報完後，還有其他配祀的神明也要稟報，不能厚此薄彼。只是稟報時可以簡單扼要，不需要像稟報玉皇大帝一樣完整。例如配祀神有關聖帝君，即可唸誦：

拜請關聖帝君在上，弟子王小帥今日來本廟向玉皇大帝天尊祈求工作運，在此祈求關聖帝君庇佑今日所求圓滿順利。

4、廟裡的神尊全部拜好後，就要開始擲筊請示神意，問看看此次所準備的紙錢夠不夠。台灣有句人際關係的俚語：「插花插頭前」，意思是說有求於人時，要先把禮物呈上去以博得好感，這個禮物就是添香油錢的收據，一般稱爲「功德單」。把功德單拿在手上，恭呈給玉皇大帝觀看，並唸誦：

弟子王小帥今日來求玉皇大帝作主惠賜工作運，特捐兩百元功德金，以此功德迴向本廟衆神，並祈求順利獲得工作，以此照會！

唸完後將收據與紙錢放在一起，接著就開始稟報今日準備的四品禮物（逐一稟報，以下從略），稟報完後再說：以上四品禮物是否圓滿可以奉化？接著擲筊，若是一正一反就可以將紙錢拿去燒化。

若是筊意是「笑杯」，代表尚在處理中，約十分鐘後再來詢問一次；若是筊意是「蓋杯」，原因有很多種，例如紙錢數量不夠、一次不夠還要辦第二次、功德金不夠等等，爲了確知是哪一個原因，必須擲筊逐一請示。

5、紙錢燒化完後，要再回到主殿感謝眾神庇佑，拜三拜或行三鞠躬禮之後，才可以收拾果品離廟返家。

求升遷，怎麼拜才有效？

在工作上努力表現專業，在人際關係上處事圓融，如果可以兼顧技術本位以及人際關係，那麼想在工作上求升遷並非難事。然而最難的是，一般人往往很難兼顧二者，如果不是默默耕耘不懂得經營人際，就是醉心於人際關係而忽略應有的能力表現，但是最多情況往往是在職場上不得老闆喜愛、或是遭所謂的小人橫阻而影響升遷。

在這麼多年的拜拜指導和命理工作中，最常遇到的詢問就是問如何化解小人。要知道一個環境裡，如果沒有小人如何證明你是大人？沒有壞人要如何證明你是好人？因此，有壞人和小人阻逆的原因只有兩種：一是人事溝通不協調，二是陰陽不協調。前者必須靠自己的智慧和能力去解決，後者則可以透過陰陽能量平衡機制取得協調，也就是靠拜拜請神來仲裁。

年前一位女性友人哭哭啼啼的跑來，說按照她的年資和績效，應該會被升上經理，但是不知爲何升遷名單裡卻沒有她的名字，反而由另一位同事爆冷門榮升。這不僅讓她心理大受打擊，連同事都替她抱不平，其實當上主管也不見得有多好，多個幾千元薪資，新增的責任卻不知幾卡車，但她卻說那是一種成就感。我開玩笑的勸她打消念頭，除非像另一位朋友一樣，沒成爲合夥人，年終分紅少了數百萬，那才值得舟車勞頓的上山求神。

當初這位女性友人的工作也是去求神保佑來的，開她玩笑只是想看她的態度，沒想到一絲不苟的她，卻把責任與榮耀看的比實質獲利還重要，社會中的每一個團體，如果多幾個像她一樣的人，相信會比嘴唸「愛台灣」更有幫助吧！

求升遷等同於廣增人際關係和個人魅力，如果說找工作需求玉皇大帝，那麼增加個人的工作前途，就不妨找找天公廟內的南斗星君、北斗星君或是斗姆元君。

斗姆元君是道教中地位很崇高的一位神祇，在《太上玄靈斗姆大聖元君本命延生心經》中有一段提到：「……斗姆以大藥醫垂治之功，燮理五行，升降二氣，解滯去窒，破暗除邪。徭期者應期，失度者得度……」意思是說，斗姆具有無上的神聖力量，可以給予面臨困難的人祝福與機會，讓每個求助者可以在適當的時機突破窘境、重遇生機。這一段話裡面最重要的關鍵字就是「解滯去窒，破暗除邪」，意思是說對於求助者窒礙難行的問題，祂都有能力幫人「消瘀化腫」，使得良好的運勢可以繼續向上攀延。

近年來台灣有很多廟宇也開始加強對斗姆元君的崇拜，新增了六十甲子太歲殿或是元辰殿，主要原因是斗姆元君值令已至，祂必須回返人間繼續累積祂的功德力，在此時刻，對於工作升遷有障礙的人，不妨請斗姆來作主，掌握陰陽號令五行的祂，必定會讓許多人心想事成。

以前在廟宇中，也常遇到奉祀斗姆元君的塑像，只是當時和一般人一樣，只知道斗姆是請來拜祭太歲用的，對於斗姆的神威靈力渾然不知，後來有次和朋友到松柏嶺的受天宮，該廟不久前才落成斗姆殿，當時只是去參拜玄天上帝，對新來乍到的斗姆也不甚在意，但是在參拜玄天上帝時，耳中隱約聽到一陣女人的聲音，腦海中浮現一位女神法相，當時還自嘲神經失調，但拜畢走出廟外，竟發現多了元辰殿，正想走進去時，旁邊一位賣水果的阿婆，突然先一步走到元辰殿內，倒了三杯茶給我們，還說：「這是斗姆請你們喝的！」說完，老阿婆突然發出一陣伊伊呀呀的聲音（我們稱爲靈語或天語），內容大約是說斗姆要開始發威辦事，幫助信眾累積功德，希望大家都能去扶持祂，幫祂完成此次的人間使命。

在神界，每過六十年就會有一次輪值小調動，每隔一百二十年就有一次輪值大調動，不過這說來又是一大篇，因此在此略過。話說阿婆說完那些話之後，又怕我們大家聽不懂，於是又把大意說了一遍，還指著斗姆說：「伊今嘛在找人！恁聽有嗎？」當時，我靈機一動就要女性友人快來求她升遷一事，同時也備好四品禮物和所需紙錢，友人也行禮如儀一一叩求。

此時又來了一個小插曲，說天語的阿婆突然如程咬金一般冒出來，自告奮勇要幫我們開靈文，通常遇到這種熱心的師姊，我們總是又頭痛又盛情難卻，不知道要如何婉拒才不會傷她的心。正在躊躇不決時，阿婆突然像被定住一樣的楞了一下，一會兒便黯然離去了。對於她的舉動我們只覺得詫異不解，但過了一會兒，女性友人拜好後喜孜孜的跟我說：「這裡的斗姆好靈！」我心領神會的意識到她剛剛一定在拜拜時說了什麼。

她詭譎一笑說：「我剛剛跟斗姆說，請阿婆不要來鬧！話才說完，沒想到阿婆就走了，斗姆這麼靈，我求祂的事情一定可以如願以償！」說完，大夥們對她的「耍心機」笑成一團，在兩三個人結伴同行的拜拜旅程中，我們總是在拿香時，對神充滿無比的敬意與信任，而在過程中，我們也抱著輕鬆而不逾矩的態度，將拜拜之旅視爲是一種工作外的休閒。拜好之後我們也會去附近的城市，找尋物美價廉的可口小吃，一方面滿足了口腹之慾，一方面有充實了心靈的飽足感。因此，每一趟的旅程中，我們總是充滿愉悅和珍惜，友人的促狹也只是這次的旅程中，無傷大雅的一次小玩笑。

從台中回來後的隔天，女性友人雀躍的打來電話報喜，她說原本要升遷的同事，被外借到另一個單位擔任主管工作，而她單位的職缺則由她遞補上，她用近乎顫抖的聲音說：「我一直相信拜拜是心誠則靈的事情，沒想到會快到這麼讓人難以置信？」我笑著調侃她不介意自己是個遞補員？她聽後哈哈大笑的說：「不介意！這是最完美的安排！」

這的確又是一場完美的神蹟展現，在神的抉擇中，祂並不會因爲你去求祂，而把你的對手剔除掉，祂們總會巧手安排出一個兩全其美的辦法，一方面使你心想事成，另一方面也讓對方愉快的接受另一種安排，總之是達到皆大歡喜的目的。這樣的事情對長期拜拜的我們來說屢見不鮮，然而有時我們還是不免懷疑，這樣完美的安排到底神是怎麼做到的？爲何祂們總是可以信手拈來成就一個圓滿的結局？這個道理我也想不通，但偶爾我也會把這些事認定爲是「靈與靈」溝通後的一種結果。

能量界的神奇說之不盡，有時並非我們的常理推論，或是所謂的科學精神可以印證。然而，我也從不把精力耗費在探索「爲什麼」上面，拜拜對我來說是一種目的或欲望的實現與滿足，至於它是怎麼連結的，猶如電視、電腦是怎麼製造的一樣，那是工程師們的事，而不是我這區區使用者該去想破頭的。

向斗姆元君求升遷，該準備什麼四品禮物

1、花一對（大小、價格不拘）。

2、五果（以當季水果爲主）。

3、紅燭一對（大小不拘）。

4、廟裡提供的紙錢三份（要記得添香油錢）。

5、功德金（金額隨意，但要索取收據。另在收據空白處，以紅筆寫上：以此功德迴向○○宮（廟）斗姆元君暨眾神，助我工作順利升遷）。

6、小蠟燭十支。一般的最小號紅蠟燭即可，放在供桌上排成圓形，將三十支補運錢放在圓圈內。

7、紙錢：

- 壽金十支（環保型）。
- 福金二十支（環保型。）
- 刈金三十支（環保型）。
- 十二元神紙十支。
- 金蓮花十二朵（要蓋大拇指手印，男左女右）。
- 補運錢三十支（三包，每包的第一張要用紅筆寫上姓名、生日、地址並蓋上手印）。

拜拜步驟

1、到了廟後，要先請自己的引導神進來與神溝通，點上香後先背朝廟外，向天呼請引導神前來（尚未有引導神的人則呼請：奉請諸天過往神佛），請引導神時要恭敬的唸誦：

奉香拜請師尊（引導神），弟子○○○今日準備四品禮物前來○○宮（廟）請求斗姆元君庇佑，讓現有工作能順利升遷，在此祈求師尊（引導神）作主，庇佑今日所求圓滿順利。

2、拜好後，入廟對主神斗姆元君（能跪下最好）唸誦：

奉香拜請斗姆元君在上、案上諸神尊在上：

弟子王小帥民國七十五年三月三日吉時出生，現年二十五歲，現居台北市忠孝東路八段八號八樓，今日備辦四品禮物前來請求斗姆元君作主，庇佑弟子現有工作得以順利升遷，弟子目前是在一路發科技公司營業部門擔任銷售工程師，現今正逢公司內部升等，在此祈求元君作主，讓弟子能在此次升遷中獲得拔擢，得蒙庇佑，弟子定當行功造德廣宣神威答叩神恩，並祝本廟香火鼎盛，衆神神威顯赫。

3、主神稟報完後，還有其他配祀的神明也要稟報，不能厚此薄彼，只是稟報時可以簡單扼要，不需要像稟報玉皇大帝一樣完整。例如配祀神有關聖帝君，即可唸誦：

拜請關聖帝君在上，弟子王小帥今日來本廟向斗姆元君祈求工作升遷運，在此祈求關聖帝君庇佑今日所求圓滿順利。

4、如果所求的斗姆元君不是該廟的主神，而是隸屬於該廟的配祀神，那麼還是要按照前面的順序，從主神拜起，並對主神說明今天是來求斗姆元君處理工作升遷，祈求主神恩准庇佑處理圓滿順遂。對主神稟完後，再直接去斗姆元君處，按上述的祝禱文誠心的向斗姆說一次。

5、廟裡的神尊全部拜好後，就要開始擲筊請示神意，問看看此次所準備的紙錢夠不夠。同樣還是要「插花插頭前」，把功德單拿在手上，恭呈給斗姆元君觀看，並唸誦：

弟子王小帥今日來求斗姆元君作主庇佑工作職位升遷，特捐兩百元功德金，以此功德迴向本廟眾神，並祈求順利獲得工作，以此照會！

唸完後將收據與紙錢放在一起，接著開始稟報今日準備的四品禮物（逐一稟報，以下從略），稟報完後再說：以上四品禮物是否圓滿可以奉化？接著擲筊，若是一正一反就可以將紙錢拿去燒化。

若是筊意是「笑杯」是代表尚在處理中，約十分鐘後再來詢問一次，若是筊意是「蓋杯」，原因有很多種，例如：紙錢數量不夠、一次不夠還要辦第二次、功德金不夠等等，爲了確知是哪一個原因，必須逐一請示。

6、紙錢燒化完後，要再回到主殿感謝眾神庇佑，拜三拜或行三鞠躬禮之後，才可以收拾果品離廟返家。

我去過很多廟宇，發現大都有增建斗姆元君的元辰殿，如果有人一時找不到元辰殿，也可以去找有供奉五斗星君、南斗星君、北斗星君、六十太歲的廟拜求工作升遷。所不同的是，由於缺少斗姆元君塑像，因此求時要先向該廟的主神稟明，例如該廟供奉的主神是玉皇大帝，則要先向玉皇大帝稟明你是來求上述神祇工作升遷，在獲得玉皇大帝三次連續聖筊之後，才可以再去求上述的神祇，如果沒有獲得玉皇大帝三次聖筊的允許，通常則是因爲尚需要辦理三赦事宜（請參考筆者相關舊作：《這樣拜才有錢》，春光出版）。

獲得玉皇大帝恩准後，就可以按照前面所說的方法和紙錢，去找五斗星君、南斗星君、北斗星君、六十太歲，並禮貌的向其稟明你已獲玉皇大帝恩准，前來請眾神辦理工作運勢升遷一事。說完，將所帶來的紙錢稟明一次，問是否準備足夠，若是得一聖筊，就可以準備奉拜和燒紙錢；若是沒有得到聖筊，就必須再問是不是紙錢量不夠，經指示後逐一稟報紙錢數量，並予以增補，如果臨時無法購買需增補的紙錢，則可稟明下次擇期前來補足。

想創業，怎麼拜才有效？

連續寫了《這樣拜才有效》、《這樣拜才有錢》之後，當然也遇到很多一起同參交流的朋友，最常遇到的是對於宗教文化歷史很有興趣研究的人，他們總會對我說玉皇大帝按照五行分爲青帝、白帝、紅帝、黑帝，而咱中國隸屬中土，土色爲黃，所以黃帝是中國人的玉皇大帝……也有遇到前來爭論王母娘娘和金母娘娘是同一尊神的事情，甚至言之鑿鑿的說母娘有去托夢告訴他這碼子事，還有遇到自言拜神三十年、精通拜神大小事的師兄、師姊們前來指點提攜……

總之，每個人對於自己的膜拜總是會有很多專精獨到的見解。然而，我想說的是，在宗教的領域裡，我總是認爲所有的神都是屬於宇宙間神聖的自由能量，我們可以抱著恭敬而自由的心，祈請祂們的神力加持，而祂們也因爲你的全然信任，給予最多的幫助。因此神界中的力量不應該隸屬於任何一個宗教，祂應該就像綠色軟體一樣，由所有的祈求者一起共享。

因此，在我的拜神經驗中，我信奉三清道祖也認同耶穌基督，景仰釋迦牟尼也合十祝禱天主，對於祂們的神蹟我心懷崇敬，對於他們的歷史淵源我無限嘆服。但當我需要宇宙能量的幫助時，我只是透過一種簡單的儀式，祈請這股能量與我融為一體，並將祂給予的力量，轉化為我所需要的智慧、勇氣、財富、健康與幸福。

而當神蹟顯現的剎那，當我領受恩光之後，我也將履行我當初的承諾：行功造德、彰顯神威、答叩神恩。於是，我與祂之間的「交易」圓滿完成，這當中沒有質疑、躊躇，只有期待與信任在我與祂之間輪迴。

或者媽祖有十二位，或者金母和王母不一樣，或者黃帝眞的姓黃（不是啦，是軒轅氏），但是我們在拿香的當下，信任的、膜拜的就是直接與你面對面的那股能量（神），當彼此透過信任、虔誠的呼喚後，眞正的神蹟就會在當下發生。

換句話說，你面對的神如果是玉皇大帝，但你又如何知道祂眞的是玉皇大帝？也許祂是一股更高或更低的能量，附著於玉皇大帝的神像內，而你又如何去判斷祂的眞假？去尋找一個無解的答案不僅浪費時間，最嚴重的是質疑削弱了你的信心、猶豫降低了你的全然貫注，那麼神蹟的種子就很不容易在那當下迸發。

對我來說，考據神蹟歷史背景或許是一種知識的增長，但是對於想要從拜拜儀式中找到力量的人來說，卻是一種很難自知的阻礙。**求媽祖時並不需要去思考拜哪一尊最靈、拜王母時也不需要去思考金母會不會比王母厲害，當你面對神像的當下，靈與不靈是來自你信心的堅持，而不是來自木雕神像的傳說。**

拜神求事靠的是一顆誠實且眞誠的心之外，也還要加上實質的有形物（四品禮物）作爲陰陽兩界的物質轉換。有心無物，就像空口說白話一樣；有物無心則好像幫你是應該的，這兩種態度在求運的過程中都會使靈驗度大打折扣。我曾經見過求運最快的時間就是在當下，那時有位同行人的丈夫，罹患癌症後不想連累家人，竟然留書離家出走好幾個月，他的太太擔心丈夫安危，連眼淚都哭乾了，後來她跟著我們一起去新竹仙山的舍利洞求金母娘娘作主，她伏跪在神像前，哀哀訴說她的家事，說不管先生病症有多嚴重，她都願意與他患難與共不離不棄，在場的每個人聽了都爲之動容。就在此時，她接到了女兒打來的電話，說先生已經回家了，當女兒把電話交給丈夫，她在電話中聽到丈夫虛弱的聲音時，她是一陣哭一陣笑一陣罵，我們爲她難過也爲她高興，心情隨著她的話語持續高亢。

我常覺得求神最大的靈驗度，是來自自己內在力量的全然爆發，當全神貫注於自己所求的事情時，自己的內在力量會將一切的質疑、猶豫，轉化爲百分百的純粹意念。這股意念會如同火箭穿梭雲層般的與神靈交會密合，猶如拜拜時常說的「上達天聽」一樣，心志不堅時，像火箭般的心只能在半途殞落，墜毀在太平洋。

創業是許多人內心的想望，不受人管又能發揮所長，即使不怎麼賺錢，起碼賺到自由和無拘無束。但是並非每個人都適合當老闆，經過自我評估之後，假如覺得自己是塊當老闆的料，卻又苦無機會，這時拜神求創業也會是一個尋找出路的契機。有這命、有這運、又有一片誠心，即使是年紀輕輕的少年仔，神尊也是「有庇無類」。

記憶中蒙神庇佑當老闆的人之中，小杰是最年輕的小伙子。那年他不過廿三歲，退伍回來後工作還不到兩年，就把自己變成一家自助火鍋連鎖店的加盟業者。

小杰的父親在他還在念國中時，因爲一場車禍撒手人寰，留下的孤兒寡母一方面得處理父親原有的債務，一方面還得著手張羅未來的家計生活，可說是倍嘗艱辛。

當時小小年紀的小杰遭逢巨變後，一夜之間彷彿長大成人，他立志要出人頭地，同時也要把媽媽保護好。此後，他從一個差一點成爲富二代的小孩，變身爲半工半讀的意氣風發少年，就學期間他從事過很多餐飲業工作，即將面臨服兵役時，他還省吃儉用的爲媽媽留下一筆生活費後才安心入營。

小杰一開始參加「啵比團」（筆者與友人們常相偕拜拜，戲稱爲「啵比團」）是因爲媽媽罹患子宮頸癌，等到媽媽身體康復後，他也已經習慣性的跟著大人們假日時上山下海，每到一個地方他總是會跟案上的神明說，希望保佑他早日當老闆孝順媽媽。問他爲什麼一定要當老闆？他說他的爸爸本來就是老闆，但是當老闆需要資金，他的資金要從哪裡來？

有一次大家一起到台中松柏嶺受天宮拜求玄天上帝，那天是帶大夥兒去接引導神，暇餘就聽見小杰對玄天上帝說：「玄天爸爸請您一定要保佑我當老闆賺大錢，我知道我現在沒有錢，但是我會認眞努力工作，我一定要當一個成功的老闆，一方面可以照顧我媽媽，一方面也要以玄天爸爸的名義多做好事答謝您的照顧……」童言童語不成章法，讓人不禁莞爾，但是他的禱詞中卻把所有的誠心和承諾盡數表達出來。

小杰眞的很努力工作，他的老闆看他這麼勤奮，一開始口頭勉勵他，後來答應給他乾股再開一家分店，此時小杰終於成爲半個老闆，這對他來說是很大的激勵，在他的管理下生意蒸蒸日上，於是老闆又來「獎勵」他了，這次老闆要他再去開一家，同時把他的股份全部轉給小杰，這樣一來，小杰不折不扣成爲第一家分店眞正的老闆，也終於實現了他想當老闆的願望。

然而，小杰並不因此而自滿驕傲，他履行當初對他玄天爸爸的承諾，經常性的以玄天上帝的名義行善捐款，古人說積善之家必有餘蔭，在他的身上的確看到了這樣的印證。而除此之外，小杰不只是從信仰中得到幫助，他也在他具體行動中，以他自己的力量幫他自己達成目標。

玄天上帝幫助創業者達成目標的神力，在「啵比團」中時有所聞，不單是松柏嶺的玄天如此，甚至其他香火鼎盛的玄天上帝廟，也時有靈驗神奇的事跡流傳。

要向玄天上帝求創業運並非難事，所用的四品禮物也相對簡單，只是當香煙裊裊的剎那，你要捫心自問是不是已經做足準備，才好入廟求東風！

如何向玄天上帝求事業運

北極玄天上帝又稱爲眞武大帝，除了諸多民間信仰傳說外，在道家的宇宙觀中，將北極玄天上帝視爲北方最神聖的能量，許多與北方相關的類象，完全納入神格化之後的玄天上帝所統轄。所謂的「北方類象」是指將北方所代表的人事物予以物名化，例如北方屬水，意象上爲智慧管理，人像上代表極欲向上的次子，自然界來說代表江湖河海，身體器官來說代表腎（財的強弱）等等。而創業過程中從無到有的經歷，也均隸屬於北方之氣所影響，因此，創業的人透過北方之氣的催發，往往會讓創業過程中平添許多好運和順利。

眾所周知，玄天上帝右手持劍，有披荊斬棘開創天地之意；左手捻指有不達目的絕不終止的定力與決心；而腳下神龜與靈蛇（玄武二將），則分別代表睿智與敏捷的行動力。因此，求玄天上帝鋪排順利的創業過程中，對於龜蛇二將的膜拜也具有不可少的加分效果。

求事業運的四品禮物

1、供品：花、果、燭。

2、紙品：

- 大箔壽金十二份。
- 壽金三十六支（環保）。
- 刈金三十六支（環保）。
- 福金三十六支。
- 財子壽三十六支。
- 壽生蓮花三十六朵。
- 壽生元寶（俗稱「半兩」）七百二十個。
- 黃錢十支。
- 白錢十支。

‧甲馬十支。

3、稟文（A4、黃紙）。

4、功德單一張（金額隨意）。

拜拜步驟

1、備妥以上四品禮物之後，需先點十二炷香，朝門外呼請引導神和玉皇大帝，呼請完後再入廟向主神玄天上帝稟報。

2、接著向配祀神稟報。

3、全部都拜好後，擲筊請示本次所準備的四品禮物和功德單是否圓滿足夠？是否可以燒化紙錢？擲筊一次得聖筊之後就可以合十答謝。

4、紙錢燒好後，須先向神尊道謝，再收拾要攜回的四品禮物返家。

注意事項

創業是一個漫長的過程，因此並不是去拜一次就好，在此建議若是路途不遠，每三個月回去拜一次，若是路途遙遠至少也要半年一次，回去時再向神明稟報經營的過程，並請求協助。

求東山再起，怎麼拜才有效？

據說關聖帝君尚未與劉備、張飛桃園三結義之前，曾經做過很多行業但都不甚如意，例如五金、護院（現在叫私人保鏢）、也賣過豬肉；傳說中關聖帝君亦精於計算，因此關聖帝君也被奉為財神。義薄雲天的關聖帝君生前是一名武將，神格化之後，不僅為戰神、財神、文昌（梓橦帝君、山西夫子），後來又升格為三界統帥——玄靈高上帝，可說是身兼數職榮耀百身。

但同樣身為財神一職，關聖帝君的財神任務並非是送財，而是庇佑經營者避免倒閉危機，或是庇佑失敗者重新再站起來。一開始筆者也不瞭解為何關聖帝君具有振衰輔斃的神力，後來才慢慢體會出大概關聖帝君在世為人時，也經常在從商中行百里半九十，深知中途挫傷的痛苦，因此對同是天涯淪落人的信徒來說，特別能感同身受，神蹟也就處處顯現。

之前認識一位朋友的哥哥，據朋友說他哥哥原本從事環保清潔工作，最旺的時候員工多達兩百多人，後來有一次員工發生職災死亡，從此以後公司每況愈下，最後賠錢負債收場。對於這場離奇的遭遇，朋友的哥哥始終無法理解，也無法相信他的事業體爲何最後會分崩離析。期間他也曾經去求神問卜，後來有間宮廟的人告訴他，那是因爲他身帶天命沒有去執行，因此他的人間富貴財得被「收回去」。朋友的哥哥在無從選擇之下接受了這個讓他失敗的理由，宮廟的人同時也告訴他，他必須從事「乩童」的工作，爲神明辦事情，才有機會恢復他原有的財富，

就這樣，哥哥參加了該廟的「訓乩」，一心認爲只要自己當了乩童，就可以還他本來的事業和財富，然而經過了兩年的「訓乩」，他除了每日到宮廟報到之外，他的事業不但沒恢復，反而讓自己變成了「失業」的人，他痴迷於無可考證的神話之中，滿足於虛擬想像中的帝王之尊等等，家人看在眼裡急在心裡，想幫他卻又無從下手。

我和他哥哥剛認識時，他哥哥也是抱著充滿期待的心情，希望可以從我嘴

裡說出他的帝王將相神龍之種，然而我只是問他：「一開始拜神的動機是爲了當乩童嗎？」他說是爲了找回他失去的事業，我反問他：「既然是想當回老闆，爲什麼會變成乩童？」他啞然失笑，只說這是神明的安排。

很多人在面臨工作事業不順時，常會遇到宮廟的人說是財富被收回去，必須當乩身做功德，失去的財富才會被釋回，於是很多人信以爲眞，又嗔迷於神祕世界的探索，因此便接受了訓乩。但是事實眞的如此？假如必須當乩童換事業，那麼最後又有幾個人可以換回來？這種道理就好像一個人遭逢失意，有人叫他去唸經持咒十萬遍的道理一樣，人們盲目的接受，最後順理成章的認同，於是事業沒了，卻自詡自己進入「修行」的另一層次，逃避自己曾經的失敗，把「修行」當作轉換跑道的藉口，這樣的修行眞的達到了無牽掛？或是只是自欺欺人的說法？

朋友的哥哥或許接受了這樣的說法，於是開始反問他該如何做，才能再度重建他的事業體？於是，我建議他重新檢討他的事業失敗難道眞的是從員工不幸喪生開始？當時的他是如何看待自己事業的？他沉吟許久終於很困難的說，那時他迷上了去澳門豪賭……那就對了，因爲他染上賭癮對公司疏於管理，於是造成員工傷亡，而他自己逃避自己該負的責任，卻把肇因歸咎於員工的死亡爲他帶來衰運，更把宮廟的乩童論合理化爲他的失敗原因，藉使他逃離失敗應承擔的責任問題。

大部分的人失敗或做錯時，總是沒有勇氣坦承自己的錯誤，卻希望能有一個理由讓自己逃脫心理上的罪惡感。近日曾看到一段話說：「當你做錯時，對方想聽到的會是『我錯了』而不是『請原諒我』。」的確，眞正有勇氣說：「我錯了」的人的確不多。

他問我那麼他現在該怎麼辦？如果他眞的想東山再起，我認爲在求神的過程中，還是必須回歸到拜神三部曲：懺悔、求拜、功德。眞心的懺悔在求神過程中是一個靈驗與否的關鍵所在，眞誠悔過之後，不但面對的是神也是面對自己，然後再燒紙錢增補靈體能量、強化肉體能量，接著就是以助你之神之名，行功造德彰顯神威。這一整套全部做下來，焉有不美夢成眞的道理？賺到了錢之後能夠飲水思源，抱著感恩的重生心境，人飢己飢、人溺己溺的去幫助他人，這才是眞正的「修行」，也才是眞正拜神的意義。

巧合的是這位哥哥的引導神是關聖帝君，於是我建議他先把引導神接到後，再去求東山再起之神——關聖帝君給他新的契機。接第二次引導神之後，他就興奮的來說他夢見關聖帝君來找他，帶他去一間古式豪宅內，對他說這裡以後是他的家，他醒來後覺得這是一個吉夢，內心十分雀躍。人都是心有所感而有所夢，夢境眞假難辨，不妨當作一種鼓勵，此後更戒愼恐懼的行走「修行」之路，千萬不可因此自傲自滿而守株待兔，那不僅停滯了自我的前途，也辜負了引導神的一番美意。

約莫九個月的時間，他開始重新佈署自己的新生計畫，妙的是他沒有再從事環保清潔的人力工作，有一次他在客户那裡無意間聽到一種清潔用品，他發現原來這種清潔用品竟然口碑不錯，而且成本不高，於是他開始著手販賣，一開始就得到很令人滿意的業績。信心大增後他又增加了其他清潔商品，現在他成了一家公司的老闆，面對過去的錯誤他已徹底戒賭，面對得來不易的機會，他學會珍惜與付出，在員工的眼裡他是一個好老闆，在客户的眼裡他是位ＰＲＯ級專家，而在神的眼裡，想當然祂們也必會因再度引導一個人走上正途，而欣喜不已。

如何求關聖帝君讓你事業翻身

求關聖帝君的最好時機，可以選擇在天赦日（可參考農民曆），或是在每年農曆五月十三日、農曆六月廿四日、農曆十二月十六日。當然其他的日子也可以，只是在上述幾天中去拜求，更有事半功倍之效。

關聖帝君有諸多法像，有站姿握刀、坐姿握書等等，民間信仰將其區分為武聖關公和文聖關公，其他還有諸多分法，在此不多贅述。不過要求鹹魚翻身的話，必須拜文聖關公，持刀武裝像通常是屬於鎮邪守護、增加業務利市居多，文聖關公夜讀春秋，則有運籌帷幄掌理萬機之意。

求敗部復活的四品禮物

1、花、果、燭。

2、壽麵一束（大小不拘）。

3、蔥、芹菜各一把（大小不拘）。

4、天珠一顆（大小顏色不拘，以能當墜子爲主，沒準備也沒關係）。

5、功德單一張（功德單上以紅筆寫：以此功德迴向〇〇廟關聖帝君，求助事業興隆）。

6、稟文（簡式書寫如下）：

今日辦理祈求事業興旺、再續榮景
祈求弟子：王小帥民國六十八年農曆四月一日吉時生
現居地址：台北市忠孝東路八段一〇〇號

公司名稱：天天發百貨行
公司地址：台北市忠孝東路八段八號
備辦：
（以下寫花果燭、紙錢、功德金的總量）
祈求：
○○廟　關聖帝君　垂鑑
上聞

弟子王小帥（簽名蓋印）上申
中華民國一○○年一○月一○日

7、紙錢：

- 大箔壽金十二支。
- 壽金十二支。

- 福金十二支。
- 刈金十二支。
- 財子壽四十八支。
- 壽生蓮花十二朵。
- 往生蓮花二十四朵。
- 壽生元寶一二〇顆（每個元寶裡面要塞五張環保福金）。

拜拜步驟

1、點十二炷香，朝廟門外向天呼請引導神及玉皇大帝降臨，並稟報今天來廟所求何事。

2、入廟主殿向主神關聖帝君稟報，可用稟文如數照唸，唸完後插香。

3、再到其他配祀神跟前稟報，此時可以簡單的說，例如：

福德正神在上，弟子王小帥今日來求事業再次成功，祈求福德正神庇佑今日圓滿順利。

4、全部稟報後靜待約十分鐘，取筊請示是否可以燒化紙錢，若得聖筊一次，就可以去燒紙錢。若是得一蓋筊則有三種可能：第一可能是紙錢還不能燒，需等十分鐘後再來問；二是可能某些紙錢數量不夠，可先問是否紙錢數量不夠，得聖筊後，再逐一請示紙錢數量；三是功德單金額不夠，若問得聖筊，可自己添加金額，再請示是否足夠。

5、若有準備一顆天珠的話，可以向關聖帝君稟明賜予加持能量，以便隨身配戴，時刻感受神恩。得聖筊之後，將天珠繞香爐左右各三圈，用紅紙包好，回去之後可以做成墜子配戴於胸前，有空時要記得隨時回廟裡將天珠再過香爐淨化。若沒有準備天珠者，本項可免。（注：關聖帝君喜愛天珠，配戴有好處的。）

6、紙錢燒好後要再回去向廟裡眾神道謝，並且須向祂們承諾一定會行功造德答謝神恩。很多人都不知道最後的感恩語，是要說給廟裡的神和自己的引導神聽的，所謂禮多人不怪，真心的說、踏實的做，才叫做「有求必應」！

第四章

引導神帶你求財運

正財、偏財、生意業務興隆

以前有一位很有名的禪師（和尚），有一天他在房間裡吃著家鄉送來的荔枝，剛好有位大和尚經過，於是禪師很恭敬的奉上荔枝說：「長老，這是家鄉的荔枝，您老人家嚐嚐看。」

這位大和尚是當時很受人敬重、佛學精闢顯赫一時的人物，他接過荔枝很感慨的說：「我自從服事我師父之後，就再也沒吃過荔枝了。」

禪師一聽順道就問大和尚的師父是哪一位，果然名師出高徒，大和尚的師父雖然圓寂多時，但其大名仍爲後人所景仰。禪師忍不住又問：「既然您服事了他十三年之久，想必一定獲得他的心法眞傳……」說著，禪師趕緊再獻上荔枝，又向他打揖作禮更爲恭敬。

大和尚啜了口芳香甜美的荔枝，頗爲欣慰的說：「我的確是獲得了我師父的心法印授記啊！可惜我福薄，師父生前一再叮嚀我不可以傳法、傳人，以致於至今尚無接法之人……」

禪師一聽大和尚握有不傳法脈，行爲更是恭敬，大和尚見他溫馴謙恭，又贈他可口荔枝，一時不禁觸動心情，便對他說：「我看你這麼勤奮修佛，我倆今日又因荔枝結緣，我姑且將我師父不傳祕法告訴你，但是他日你出去，千萬不要告訴別人是我傳你的。」

禪師一聽大和尚願意傳授祕法絕學，而且唯一條件就是不許說出去，這簡直就是天上掉下來的禮物，自是點頭如搗蒜連連稱是。

於是，大和尚正襟危坐開示祕法：「世界是佛魔共有的，你要從佛不要從魔；世界是善惡共有的，你要從善不要從惡；世界是光明、黑暗各自擁有一半的，你要從光明不要從黑暗。」大和尚說完後又說：「我今天爲你點破這祕法，你就可以得大自在……」

這是某位台灣佛教宗師所講述的內容，姑且不論其眞實性如何，然而讓人莞爾的是大和尚違背師訓傳法於人，徒弟聞法後也如法炮製公諸於世，以致讓我們後人都能有幸聽聞祕法。

在本章節求財篇中，一開始就引述了這段禪話，並非要大家都去參禪修法，而是大和尚的祕法講述了一個大家都知道卻很容易忽略的關鍵：「世界是佛魔共有的、世界是善惡共有的、世界是光明、黑暗各自擁有一半的」，這幾個字如果再向前延伸的話，也可以說這世界是陰陽共存的，但是你卻無法從陽不從陰，或是從陰不從陽，因爲陰陽不但是個體也是結合體，當陰陽交錯時，混沌就開始出現了，當陰陽分開時，清輕的上騰、濁重的下沉，所有的事情都是依循著這樣的原理緣起緣滅，因此老和尚所傳的「祕法」，事實上也就脫胎於中國易經的陰陽本體說。

陰陽論在我的書中不斷的被提起，因爲個人深深覺得在拜神求事時，如果你無法體會陰陽的道理，那麼當陷於困境時就會焦慮而不安，但身處順境時則又會驕奢浮誇，不自知大難已然如影隨形。

如果把錢財一事也以陰陽來區分，在區分之前我們先**把錢財定義為「福報」之一，福報之二就是功德。功德和錢財都屬於福報的一部份，但兩者間卻可以互相轉換**，此時，就可以發現功德是無形的，它看不見摸不著，是屬於看不見的錢財，因此可將它視爲「陰財」；錢財則是看得見的新台幣（或是其他貨幣），因此將它稱爲「陽財」。在陰陽論中說萬物負陰以抱陽，也就是說，陰陽兩者是不能截然分開的，同理，陽財與陰財也無法分離，他們彼此間無形、有形輪番更迭，形成了所謂的輪迴現象：**功德少錢財少、功德多錢財多，相反來說也是如此。在此理論基礎下，假若想要求得財富多，那麼就需要功德多**，諷刺的是大部分向神求財的人，很少有人會在意他自己的陰財（功德）是否足以轉換陽財，而盲目的在神前苦苦哀求，最後也是徒勞無功的。

懂得這一層道理的人，在向神明求財時就不會橫耍蠻要了，在神案面前，像個要不到糖吃的小孩般的耍賴，其實對自己來說是無濟於事的。假如求神賜財眞能有求必應，那也是神將祂的功德撥給你，轉化爲有形財所致，但是很多人卻不懂的感激神恩，一昧的欣喜神蹟顯赫，卻不知道你獲得的同時，祂那裡的功德庫也少了許多。

這世間沒有平白增添的事情，都是能量的流動轉化爲人心物質的欲望，因此，要向神祈求將祂的功德轉化爲你的有形財，不就是要回歸到最初的懺悔心，懺悔過去世功德貧瘠，以致今世伏跪神前厚顏祈求？謙卑恭敬的祈求，最後引動神尊的慈悲心，神能之機也才能隨之啓動。拜神並不是非要三牲五禮，有時候把自己的心歸一到全然的純粹，在膜拜的當下，天地間彷彿只剩下神與你的對談，此時萬有能量一經開啓，錢財自然也就滾滾而來。

宗教的祕法教人成仙成佛，而本書的不傳心法，卻是坦承的告訴大家，**專注的爆發力，才是求神求財的不二法門**。

江湖中有人傳言，某些透過符錄作法而得來的錢財，事實上是透過法術將未來財提前挪動到現在以供使用，更有甚者，還可以先挪動子孫財花用，據說台灣有位企業大亨就是用此方法飛黃騰達，但是到最後卻又傾家蕩產逃亡海外。不管是挪動未來財、子孫財或是神明財，可以肯定的是，世間所有的能量都不是憑空而來，而是透過各種力量，使它因緣成熟而轉化爲陽財。

在各種能量轉化中，風險最低的應該算是神明財，因爲它不用先行挪用你或你子孫未來的福報，而是取自神明受人香火庇佑群生的功德力。因此，只要在獲取神蹟庇佑之後，懂得以神尊之名報恩回饋，那麼不僅不會有挪用福報之險，甚至有來有往獲取更多。

基於上述的理由，當我過去向神明求財時，每當有所收穫總是欣喜萬分，但後來慢慢理解，神明的財並非是「賜」給你的，而是「挪」給你的，但不管是「賜」或「挪」，對於神明的慈悲，總是要感念於心，並且學習神尊濟世的精神，以同等的心腸濟助他人，這應該會比去參加「訓乩」更容易、也更符合人性吧。

有些人認爲求財必須找財神，似乎只要名爲財神者就能擁有金山銀山，供信眾予取予求。但我也曾經碰過向財神求財時，財神羞紅了臉說祂家徒四壁無財可賜的窘境，最後還是凡夫俗子的我們燒了一些紙錢給祂。因此，並非每個財神都有財可賜，而換個道理說，也並非每個人去求財神都能心想事成！

通常求財神賜財的人，必須具有順當的工作事業和收入。有次到南部拜一家香火鼎盛的財神廟，無意中聽到廟旁賣紙錢的阿婆對她認識的人說：「**財神是扶起不扶倒！**」聽到後我怔愣了一下，心想這位阿婆也是一位拜拜專家，的確遭逢困境的人要向財神求財是很不容易的事，但向財神求財一定會達成心願的通常有三種人：一、享受福報的人；二、暫時業力化清的人；三、與財神有親戚關係的人。而**有些人為何無法達成心願**？**理由很簡單；業力擋在門外，財神要給你的財送不進來，有些財神神通廣大，硬是矢命必達把錢塞進來，但過**

沒多久這筆錢財就耗掉了，一般人把它理解為「漏財」或「財庫破」，造成這種結果的原因就是「業力」。因此可以得知，要請財神賜財的先決條件，起碼要先把業力化掉一些，免得業力阻撓財路淤滯。

但如果向其他的神求財時，通常祂會先幫你把業力化掉一些，讓錢財運容易進來。因此，在拜拜時我們常會用到蓮花、功德單就是這個道理，這些紙錢是請神幫我們化業力、轉有形財時的必備工具。常有人問：「蓮花一定要這麼多？可不可以少一點？很花錢的！」事實上瞭解這層道理之後，就不太需要討價還價了，而決定要燒多少也可以自己作主，因爲業力是自己的，想繼續揹業力或是尋求開解，端看自己選擇了。

全台奉祀天上聖母、地母、媽祖廟宇

名稱	主祀	地址	電話
宜蘭、花蓮、台東區			
宜蘭昭應宮	天上聖母	宜蘭市中山路三段一〇六號	03-9353536
花蓮港天宮	天上聖母大媽	花蓮市中山路一段五〇〇巷一五號	03-8560031
南方澳南天	天上聖母金面媽祖	宜蘭縣蘇澳鎮江夏路一七號	03-9962726
北區			
碧潭八卦草茅地母廟	地母至尊	新北市新店區灣潭路三號之二	02-29149218
金山慈護宮	媽祖	新北市金山鄉大同村金包里街十六號	02-24982510

汐止濟德宮	媽祖	新北市汐止區中正路二三九號	02-26411362
瑞芳瑞慈宮	媽祖	新北市瑞芳鎮三爪子坑路一〇六巷一九〇號	02-24975539
松山慈祐宮	媽祖	台北市八德路四段七六一號	02-27669212
關渡關渡宮	媽祖	台北市台北市北投區知行路三六〇號	02-28581281

桃竹苗、中彰投區

名稱	主祀	地址	電話
竹南慈裕宮	三媽祖	苗栗縣竹南鎮中美里民生路七號	03-7462353
竹南龍鳳宮	媽祖	苗栗縣竹南鎮龍鳳里四二號	03-7464620
豐原慈濟宮	媽祖	台中市豐原區中正路一七九號	04-25243374
大甲鎮瀾宮	媽祖	台中市大甲區順天路一五八號	04-26763522
鹿港天后宮	媽祖	彰化縣鹿港鎮玉順里中山路四三〇號	04-7779899
彰化南瑤宮	媽祖	彰化市南瑤路四三號	04-7222893
埔里寶湖宮	地母	南投縣埔里鎮枇杷里枇杷路九四號	04-9298-2873

名稱	主祀	地址	電話
雲嘉區			
北港朝天宮	媽祖	雲林縣北港鎮中山路一七八號	05-7832055
古坑地母廟	地母	雲林縣古坑鄉荷包村小坑五號	05-5260760
斗南順安宮	媽祖	雲林縣斗南鎮長安路一段六十七巷一二六號	05-5972541
朴子配天宮	媽祖	嘉義縣朴子市開元路一一八號	05-3792350
笨港長天宮	媽祖	嘉義縣新港鄉板頭村板頭厝九號	05-7812768
笨港港口宮	媽祖	嘉義縣東石鄉港口村蚶仔寮五號	05-3601002
新港六興宮	媽祖	嘉義縣新港鄉溪北村六五號	05-3771680
新港奉天宮	媽祖	嘉義縣新港鄉大興村新民路五三號	05-3742460
嘉義天后宮	媽祖	嘉義市林森東路一一三號	05-2781152
嘉義朝天宮	媽祖	嘉義市延平街二七六號	05-2285977
南區			
名稱	主祀	地址	電話
關廟二龍山地母廟	地母	台南縣關廟鄉埤頭村一二二之三號	06-5957399

西港慶安宮	媽祖	台南縣西港鄉西港村慶安路三二一號	06-5957399
台南天后宮	媽祖	台南市永福路二段二二七巷十八號	06-2227194
台南鹿耳門天后宮	媽祖	台南市媽祖宮一街一三六號	06-2841386
台南鹿耳門聖母廟	媽祖	台南市城安路一六〇號	06-2577547
五甲龍成宮	媽祖	高雄市鳳山區五甲二路七三〇巷六號	07-8312677
甲仙龍鳳寺	媽祖	高雄縣甲仙鄉東安村油礦巷三號	07-6752331
旗津天后宮	媽祖	高雄市旗津區廟前路九三號	07-5712115
東港朝隆宮	媽祖	屏東縣東港鎮延平路一〇八號	08-8322694

北桃竹苗
中南區
花東區
基隆
桃園
台北
新竹
宜蘭
苗栗
台中
彰化
南投
花蓮
雲林
嘉義
高雄
台南
台東
屏東
①宜蘭昭應宮
②花蓮港天宮
③南方澳南天宮
碧潭八卦草茅地毌廟④
金山慈護宮⑤
汐止濟德宮⑥
⑦瑞芳瑞慈宮
松山慈祐宮⑧
關渡關渡宮⑨
竹南慈裕宮⑩
竹南龍鳳宮⑪
豐原慈濟宮⑫
大甲鎮瀾宮⑬
鹿港天后宮⑭
彰化南瑤宮⑮
埔里寶湖宮⑯
北港朝天宮⑰
古坑地毌廟⑱
斗南順安宮⑲
朴子配天宮⑳
笨港長天宮㉑
笨港港口宮㉒
新港六興宮㉓
新港奉天宮㉔
嘉義天后宮㉕
嘉義朝天宮㉖
關廟二龍山地毌廟㉗
西港慶安宮㉘
台南天后宮㉙
台南鹿耳門天后宮㉚
台南鹿耳門聖毌廟㉛
五甲龍成宮㉜
㉝甲仙龍鳳寺
旗津天后宮㉞
東港朝隆宮㉟

旺正財——祈求增加工作事業上的財運，怎麼拜才有效？

求正財通常需具備兩個要件：一是在賺錢的過程中有事倍功半的感覺，覺得自己的付出和所得不成比例，此時，可以求神把你的財庫開大一些；另一個要件就是眼看肥肉即將到口，偏偏就從嘴邊滑落，就差臨門一腳。通常有這兩種條件之一，都代表只是稍稍被卡，只要請神尊垂鑑，大手一揮，財源就會滾滾達三江。

通常一個人的財運有沒有受阻，可以通過命理的解析知道，但對一般不諳命理的人來說並非易事，因此提供了以上兩種自我檢測的方式，以瞭解現階段中所面臨的是哪一個問題。若是符合以上兩要件，就可以直接往廟裡去請求解套；若是屬於沒有進財管道，或是財進財出、甚至賺一元花兩元那種，就屬於較嚴重的因果業力問題，必須先把所欠的歸還給冤親債主之後，再祈求神明賜與進財之道。

求正財之前，建議大家先把引導神找好，隨著引導神去求大廟的神尊，將有事半功倍之效。

在很多年以前，有位徐姓建築營造商，連續幾次被他的下游廠商跳票，貨款幾乎半數以上收不回來，而應收帳款也被建築公司一拖再拖，他夾在中間被壓得喘不過氣來，公司瀕臨倒閉危機。有一次他路過三山國王廟，一時興起便入廟來求三山國王作主，事後他說當時他也不知道是怎麼一回事，竟然會在路過時興起要停車下來膜拜之意。

當時，不管他怎麼求，筊杯一直都是蓋著的，我們當時原本不以為意，但慢慢注意到這位很衰的香客，竟然有本事連續擲出「蓋杯」，因此引發了我們的好奇於是趨前詢問。徐老闆原本羞赧不好直說，後來索性一吐為快，於是，就幫他請示三山國王是不是不願意助他一臂之力，請示的結果說明王爺很願意幫忙，但一提到是否可以助他解決難關時，卻又是反覆地出現的「蓋杯」。我把這些示意簡單的歸納一下之後，大約可以明白王爺的意思。按照過去的經驗，神尊的意思是說：神與徐老闆毫無半點瓜葛，雖然明知徐老闆現在有難，因爲沒有一絲關係，所以當神的祂們也不能伸手搭救。

恭拜三山國王那麼多年，總是多少可以歸納出一些揣測性的神意，再加上長久的相處，深覺三山國王的神性耿直不阿，卻又慈悲心軟，要請祂大發神威有求必應，一定要按照規矩來辦，祂才會善門大開。

於是，我把徐老闆請出廟門外，舉了一個例給他聽：「一個人缺錢時，眞正會無條件挺身幫忙的只有父母，當然，有時候父母沒錢幫時也可以找義父母……」

徐老闆果然是精明的生意人，生來一顆七巧玲瓏心，當下會過意來立刻點香祈求王爺收爲契子，原本以爲這下穩可安然過關，哪知擲出來的筊一下子笑杯、一下子聖杯，這時我隱約看到一個畫面：畫面裡三山國王正在贈書給某一個人，當下我又會過意來（神明有時也會捉狹），立刻又改口對老徐說：「沒有乾爸爸也有一日爲師那種的……」老徐一聽立刻改口請三山國王收爲弟子，當下就連擲出三個聖筊。

三山國王既然答應收他爲徒（答應成爲他的引導神），接下來就是教老徐接駕拜引導神的儀式，老徐很受教，明明知道事業危在旦夕，還是咬緊牙關稱要來接三次引導神。

他第三次來接引導神時已經過了將近一個月的時間，那天我們約好要帶他接引導神，見他臉上表情喜不自勝，原來他出門前接到下游廠商的電話，對方表明已將欠款匯入他的帳戶，其他欠款將開出支票分期償還。老徐說完感動莫名的說，他拜了這麼久的神，從來沒有這麼明顯的感應。那天，他接完第三次引導神之後，自動自發的又磕了一〇八個頭，此後他一直追隨著他的師尊三山國王，據說有時三山國王也會在夢中告訴他要去哪裡赦因果、補財運、接財庫等等。

老徐算是一個很幸運的例子，這應源於他本來就是一位虔誠的膜拜者，只是因緣成熟之後，用對方法被引導與三山國王結緣，同時財務上的困難也迎刃而解。

本節所謂的正財，是指工作、事業上的財源，在求正財之前建議先把引導神找到，但如果暫時沒找到引導神，也可以用以下的方法求就三山國王或是其他大廟神祇。以三山國王來說，求正財的最好時機是在每年農曆的二月廿五日、六月廿五日、九月廿五日，這三天分別是三位國王的壽誕，在此日求事、求財都有良好效果，而在其他日子也可以，只是特別強調這三日。

拜求正財運的四品禮物

1、花一對（大小、價格不拘）。
2、五果（以當季水果爲主）。
3、紅燭一對（大小不拘）。
4、廟裡提供的紙錢三份（要記得添香油錢）。
5、功德金（金額隨意，但要索取收據。另在收據空白處，以紅筆寫上：以此功德迴向業力，祈求謀財順興）。

6、紙錢：

- 壽金十支（環保型）。
- 福金二十支（環保型）。
- 刈金三十支（環保型）。
- 補運錢三十支。
- 黃錢、白錢各十支。
- 甲馬、巾衣十支。
- 壽生蓮花十二朵（要蓋大拇指手印，男左女右）。
- 往生蓮花十二朵（神明壽誕時不用）。
- 彩色金蓮花六朵。
- 九九九彩色金元寶三十六顆。

拜拜步驟

1、到了廟後要先請自己的引導神進來與神溝通，點上香後，先背朝廟外向天呼請引導神前來（尚未有引導神的人則呼請：奉請諸天過往神佛），請引導神時要恭敬的唸誦：

奉香拜請師尊（引導神），弟子〇〇〇今日準備四品禮物，前來〇〇宮請求三山國王作主辦理財源開庫，在此祈求師尊（引導神）作主，庇佑今日所求圓滿順利。

2、拜好後入廟對三山國王（能跪下最好）唸誦：

奉香拜請〇〇宮三山國王在上、案上諸神尊在上：

弟子王小帥民國七十五年三月三日吉時出生，現年二十五歲，現居臺北市忠孝東路八段八號八樓，今日備辦四品禮物前來請求三山國王作主，助弟子財源旺盛錢財補足，得蒙庇佑，弟子定當行功造德廣宣神威答叩神恩，並祝本廟香火鼎盛衆神神威顯赫。

3、主神稟報完後，還有其他配祀的神明也要稟報，不能厚此薄彼，只是稟報時可以簡單扼要，不需要像稟報主神一樣完整，例如配祀神有關聖帝君，即可唸誦：

拜請關聖帝君在上，弟子王小帥今日來本廟向三山國王祈求事業財運補足，在此祈求關聖帝君庇佑今日所求圓滿順利。

4、廟裡的神尊全部拜好後，就要開始擲筊請示神意，問看看此次所準備的紙錢夠不夠，此時需先將添香油錢的收據，也就是「功德單」拿在手上，恭呈給三山國王觀看，並唸誦：

弟子王小帥今日來求三山國王作主惠賜財運補足，特捐兩百元功德金，以此功德迴向本廟眾神，並祈求財源順利圓滿，以此照會！

唸完後將收據與紙錢放在一起，接著就開始稟報今日準備的四品禮物（逐一稟報，以下從略），稟報完後再問：以上四品禮物是否圓滿可以奉化？接著擲筊，若是一正一反，就可以將紙錢拿去燒化。

若是「笑杯」，代表尚在處理中，約十分鐘後再來詢問一次；若是「蓋杯」，原因有很多種，例如：紙錢數量不夠、一次不夠還要辦第二次、功德金不夠等等，爲了確知是哪一個原因，必須逐一擲筊請示。

5、紙錢燒化完後，要再回到主殿感謝眾神庇佑，拜三拜或行三鞠躬禮之後，才可以收拾果品離廟返家。

求偏財──祈求提高本薪外的財運機會，怎麼拜才有效？

有的人誤以為求偏財就是指賭博、簽牌等等，事實上偏財是指非常態性的偶發財，例如股票投資、有價物投資（股票、寶石、房地產、藝術品）等等。但是國人好賭，每每將與賭有關的事物也硬套上偏財一事，不過這也沒犯法，只是小賭怡情大賭敗家，求神祝禱手氣大旺，怎麼說也偏離了拜神積德的眞正意涵。

像現在很多人除了本職之外，閒暇之餘也投入網路拍賣的工作，這也算是偏財的一種。假如有一天，你的網拍事業做得有聲有色，於是辭去了本職工作專心做網拍，那麼網拍就會變成你的正財而不是偏財。身兼數職的人可以擁有許多偏財，雖然台灣有句俚語說：「人無雙條財」，意思是說人想要賺到錢，應該要專心一意不可心有旁騖，但是現代的都會人百藝在身，就怕沒運氣多賺點錢，倒是不怕沒能力賺，所以本章要教大家的是要去拜哪一位神，請祂賜財運最有效。

眾所周知的天上聖母媽祖是全台第一女富婆，只要能獲得祂的庇佑，偏財運勢也就不虞匱乏了。

此時不禁想到在上海奮鬥的妹夫，雖然兩地同文同種，但是畢竟思想、作法大相逕庭，台灣人在大陸謀生，要和大陸人溝通順暢也不是件容易的事，因此，妹夫早有心理打算，希望有朝一日能在大陸擁有自己的事業，因此工作的同時也在積極謀求打基立樁的出路。

很遺憾的是來了多年，每次總是雷聲大雨點小最後不了了之，但是他壯志雄心不爲風雨改，仍然積極的尋找投資創業的機會。魔羯座的妹夫骨子裡有著天生樂觀的「被虐情結」，他覺得折磨越大未來獲得愈多，只是眼看他屢戰屢敗，心想他的偏財運也太弱了吧？雖然知道要去請媽祖幫他忙，但是所住區域很難找到媽祖，假如是在台灣就方便多了，到處都有媽祖廟可求。

正在發愁該如何是好時，某天友人打電話來，相約要去上海的一間「白雲觀」，這是一家老道廟，有數百年以上的歷史，對於大陸的古廟通常我是抱著參觀歷史文化的心態居多，要說神像有靈的廟還眞是寥寥可數。但是去了之後發現，白雲觀原來還是「神氣活現」的，更讓人感動的是，觀內還供奉王母娘娘和媽祖！當下立刻請示媽祖是否可以幫忙庇佑妹夫的偏財運，經過筊杯示意確認過後，我立即返家準備紙錢，偕同妹夫再到白雲觀內拜求。值得一提的是，該廟不禁止外來紙錢，高興怎麼燒就怎麼燒（太感人啦），辦好後妹夫喜孜孜的說，有了媽祖庇佑他要更用心的找機會（妹夫家還是信天主教的呢）。

時間倏忽過得很快，在我即將返台時，有一家台灣的保養品公司找上妹夫，希望透過他的人脈拓展內地市場，雙方溝通之後，妹夫決定代理該品牌，但令人不安的是妹夫選擇以面膜當先鋒，在這面膜市場已經飽和的今日，其實是很冒險的行徑。但魔羯座的妹夫卻下了一招狠棋，他想逆向操作搏大彩，我和舍妹只能暗暗捏了一把冷汗。

返台一個月再回上海時，乍聽妹妹難掩興奮的說，妹夫已經把所有的面膜全部賣光！這批面膜可是五千片哪！一下子全賣光哪是人做得到的事？後來才知道，原來是妹夫有一次和友人閒聊時，友人所服務的一家公家單位要提供贈品，正愁不知要去哪裡找特別的禮品，妹夫順勢推薦自己的面膜，同時幫他想好一套說詞，沒多久友人的單位便決定以面膜當贈品，妙的是，妹夫和友人已經有數年不曾見面，偶然一次巧遇卻促成了一筆大訂單，妹夫喜不自勝的說，在我還沒回上海時，他已經先跑去謝謝媽祖了。

祈求媽祖賜偏財運的方法

媽祖信仰的產生，源於漁民出海捕魚險象環生每多傷亡，因此，久而久之產生膜拜媽祖、祈求守護的信仰，因此媽祖也有海上女神之稱。祈求漁民平安、求漁獲量豐富，撈起漁網內有不同的魚品，如同能力付諸於不同的工作，卻都一樣可以賺到錢財，以此來象徵偏財的旺盛，因此，拜媽祖求偏財就是取之此意。

相傳媽祖未婚，是姑娘升格，因此在向媽祖求賜時態度要特別的恭敬，不要隨意散漫言笑。有一次到北港朝天宮參拜，看見一位時髦女郎上身穿著坦胸露背的背心，下身穿著短到幾乎露餡的窄裙，足下是亮晶晶的人字拖，十指塗滿鮮紅蔻丹，雖然衣著入時卻很不適合入廟。

她手持著香，言詞輕蔑的對友人說：「等一下我『叫』媽祖幫你處理，我一開口祂不敢不聽……」說完她還咯咯笑個不停，聽起來就是一句很白目的玩笑話。果然，她笑聲戛止後馬上一句「媽祖」脫口而出，接著像重複倒帶似的「媽祖！媽祖！」一直「叫」個不停，她果眞在「叫」媽祖。

所以，恭敬禮神是絕對錯不了的基本態度，收拾起自己的傲慢無知，在神的面前才會獲得更多疼惜。

另一方面媽祖也是溫和而慈祥的，尤其特別喜歡小孩子，曾有個朋友帶他的小孩去拜媽祖，回來後小孩連續三天對媽媽說，媽祖每晚都來幫他蓋被子。媽祖身邊還有千里眼和順風耳，二位大將是負責幫媽祖「收風匯報」的，同樣也要禮敬有加，馬虎不得。

祈求媽祖賜偏財運的四品禮物

有心去求媽祖賜偏財運時，要準備兩份紙錢，一份給媽祖，另一份給二員大將，至於花果燭用一份就可以。附帶一提，蠟燭可以回收下次再使用，不限拜哪一尊神明，不要拜一次就丟，造成浪費，如果廟中設有燭台供人置放，也可以放於該處不用攜回。

1、花果燭一份。

2、拜媽祖的紙錢：

- 廟裡四色金三份。
- 壽金十支。
- 福金十支。
- 壽生蓮花十二朵。
- 彩色金蓮花三朵。

•補運錢三十支。
•解厄錢十支。
•水官錢二十支。
•黃紙人十二個（可以自己剪，上面用紅筆寫姓名、年齡、住址，最後男左女右蓋手印）。
3、拜千里眼順風耳的紙錢：
•天錢十支。
•黃錢二十支。
•白錢二十支。
•巾衣二十支。
•甲馬二十支。
•刈金二十支。
4、功德單一張（內容要寫：功德迴向業力，無形財化有形財）。
5、稟文一張（內容請參照其他求法稟文，在此不複述）。

拜拜步驟

拜求的步驟都是相同的，請參考前篇所敘述的內容。但要注意的是千里眼、順風耳二位大將具有無比大神力，到祂們跟前時千萬別以爲他們是隨從就加以漠視，很多時候執行者比決策者握有更大的力量，所以在祂們跟前也要很詳細的稟報，以利祂們爲你張羅時方便行事。

千里眼順風耳的神像看起來雖然面目猙獰，但祂們可是面惡心善的神祇，神性裡充滿赤子之心，跟祂們多多情感交流，有時你還沒去求媽祖，祂們已經偷偷幫你放水處理好了。

自營商、業務，祈求生意業務興隆，怎麼拜才有效？

之前在《這樣拜才有效》一書中，曾提到一位建商帶著黑色的蘭花去求拜地母的事情，事實上並非每一個人都有能力或機運買到黑蘭花，但是每個人卻都有一顆虔誠而願意趨向神祇的心，即使沒有能力買到價昂的物品去供神，也能在極其虔信的氛圍中獲得賜福，以及物質轉化後的給予。

地母在道家女神脈源中，司掌萬物的孕育，並且給予春風化雨般的滋潤。雖然在許多人的印象中遠不如王母、媽祖來的印象深刻，但是習慣性崇拜地母的人，每每受到地母的庇佑賜予，總是能心領神會祂如慈母般的溫潤。在地母的認知裡，大地萬物皆由祂所生所長，因此祂負有養育萬物的責任，而在宇宙的能量中，地母所代表的孕育萬靈，使得祂躍然成為五母之首。

中國的神格形成大都崇拜山川大地的神祇，按現代的說法則是崇敬山川日月的神聖能量，並且相信大地的能量具有補足人體能量不足的功能，因此自古以來，仙家們即以採集天地之靈藥爲樂。另一種神格的昇華，則是在世爲人時，有功於社稷、或是曾經造福鄉裡，死後或羽化之後，受帝王封神，或被後人敬拜入廟。

因此，粗略來分，中國人所敬奉的神明大約可分爲「炁神」（炁，音ㄑㄧˋ）與「形神」兩種。**「炁神」是天地間的神聖能量之神，例如：地母、西王金母、東華帝君、元始天尊、靈寶天尊等等；「形神」則是指確實曾經在世為人，諡後被眾人感懷追奉的神，例如媽祖、順天聖母**（註生娘娘）**、關聖帝君、孚佑帝君**（呂洞賓）**等等**，絕少是虛構出來的人物，而後受眾人膜拜。

地母則是屬於「炁神」一類，用比較宗教的說法，應該就可解釋爲：自無始以來，地母之炁（能量）就一直存在於於宇宙之間，人們得自祂的能量予以成長，卻不自知祂的存在，猶如每個人都生存於氣氣空間卻不自知、魚存於水中而不知水是何物一樣。

能夠眞正體悟到自己能夠生活的因素，並且能夠眞正感謝提供生活、生存要件的造物者，抱著這樣的心眞心眞意的向地母祈求，許多生活的心靈力量和物質能量，就會源源不絕的轉化出來，尤其是從事業務工作，需要提昇業績換取收入的人。

但要注意的是，祈求金錢、財運是必須「以物易物」的交易手段，差別只在於你拿什麼交換。這樣聽起來似乎很像與魔鬼交易的感覺，甚至有人也會不禁懷疑神明不都應該善良慈悲、免費提供好處給善男信女？

如果「交易」是一個必然的正常手段，那麼牽涉到的交易內容就關乎正當與不正當了。之前有一位專賣B廠牌高級進口車的業務員，雖然他每月的收入令人欽羨，但他的壓力也很大，老婆臨盆在即，母親、兄長爛賭欠債，家中貸款、生活開銷全落在他一人肩上，雖然他每月十來萬的收入，但也總是寅吃卯糧、時時抓襟見肘，生活的壓力擠壓得他苦不堪言。

有一天他在報上看見一個幫人作法增補財運的廣告，他異想天開的想要借助所謂的「法術」以增加他的收入。來自東南亞的法師向他索取了一筆可觀的費用，然後拍胸脯說，保證幫他增加收入至少一倍，無效退費！他考慮再三之後決定貿然一試，但法師也告訴他，他必須拿一件最喜愛的事情與之交換，效果會更爲顯著，當下他沒想太多便欣然答應，同時也簽名畫押。

過沒多久，他的業績突然莫名其妙的大增，據他說最厲害的時候，曾經一天賣出五部車，當時他欣喜若狂，人也開始變得驕傲自大。俗話說：「欲令其亡，必先致其狂」，但他自己卻不自知，直到剛出生的兒子因肺炎住院，本來以爲只是一個小小的感冒，沒想到弄到變成住進加護病房，最後小命嗚呼歸西。

他傻楞的看著兒子的遺體，整個人陷入無言的瘋狂，他猛然想到當時法師跟他說的話，要有錢必須拿他最愛的事物去交換，他作夢也沒想到交易者取走的竟是他兒子的生命，此時的他悔不當初，卻也啞口無言。

從不到一歲的兒子走後，他的事業、財運、家庭也一路兵敗如山倒，彷彿時光倒回他那抓襟見肘的年代，其實說穿了好日子也過沒幾個月，此後的幾年他一路潦倒，家裡的房子最後還是被銀行拍賣，他還因幫兄長擔保，自己也變成數百萬的債務人。每當失意喝醉時，他想兒子、想以前的輝煌，一個人趁醉意偷偷的哭泣，他也曾經想過自殺一了百了，但是又放不下家裡的妻子和孩子（後來又生的）。

很多時候我們遇到逆境無法躲避或無法處理時，心裡難免會綺想一夜致富，問題就全部迎刃而解了。但這是不可能的！不去面對問題，問題就不會被解決，即使是求神幫忙，祂給的也只是機會，自己不去動手耕耘，妄想不勞而獲，即使給你一百個發財的機會最後也是徒勞無功。因此，求神不僅需要心意的表達，同時也要眞正的行動。

根據神明的指示，自己動手把擋在財庫面前的石頭搬開，這個時候才有資格驕傲的說：「命運掌握在自己手上」。除此，即使每天磕頭做早晚課、唸經持咒也是無濟於事的。因爲無欲的人才會持咒唸經，他可以漫遊在眞空妙有的自我想像中；有欲有求的人，就要懂得積極行事、劃破黑暗的道理，要改變自我的經濟環境，在最無力的時候，就是找神明「交易」，換取光明的空間。

如何交易才算是「正當」且能「陰陽兩利」？其實作法很簡單，每個人都有需求，每個神也都有需求，如果你的需求是錢財，那麼你可以去思考神明的需求是什麼？**正法、正當的大神絕不會以要你最喜歡的人事物為條件**（這是屬於五鬼搬運的一種邪法，倡行於東南亞），**祂的需求只是要提昇祂的神格，也就是神性能量的再淨化**，即是道家所說的天人合一的高階版。**神性又該如何提昇？神性的提昇需要衆信徒對祂的共同信仰不斷的累積**。因此，當祂以祂的功德滿足你的錢財需求時，你也應該以累增祂的功德作爲「交易」條件，如此一來各自滿足，就達成了「陰陽兩利」的圓滿交易了。

向神明祈財祈助就是這麼的單純（但是不簡單，因爲你很難保證你不會見異思遷），幫自己建構了堅強的信念基礎之後，接下來要做的就是準備交易的紙錢，紙錢量夠，效益時間就會縮短，化整爲零逐次燒化紙錢，也可以逐漸的累積有效能量。

求地母賜財增業績的四品禮物

1、花果燭各一份。

2、八寶：白米、紅豆、綠豆、黑豆、白豆、黃豆、生薑、生紅辣椒（整支。以上物品多寡不拘，以盤裝或碗裝均可）。

3、紙錢：

•四色金六份。

•刈金三十支。

•補運錢三十支。

•壽生錢一刀。

•壽生蓮花三十六朵。

4、功德單一張（金額隨意）。

5、稟文一張。

注意事項

拜拜的程序請參考前述，本節的「四品禮物」中有出現「八寶」，這八樣五穀除了生薑和辣椒之外，在燒完紙錢後，必須悉數灑向廟四周，如果廟有庭園或是山林，則將五穀灑向山林庭園，爲鳥啄食或是入土生根發芽均隨其易，以象徵地母生養萬物之德，這也是迴向的方法之一。

另外，生薑和辣椒可攜回家中，煮食料理均可，或是將辣椒掛於門外，生薑種於盆中也可以。一般我個人是採取後者，看著生薑發芽茁壯，感受生命成長的喜悅也是很愉快的事情，至於辣椒乾掉之後，則被我巧手料理成餐桌美食。

請地母求賜財運時，如果有提出交易的條件，一定要記得貫徹履約。就像大地之母生成萬物時，從來也不會早生或遲發，因此地母是位很「守時、守信」之神，祂既慈悲又嚴格，隨心滿足你的心願，也會切實要求你履行承諾。

我很清楚當日請地母賜財運時，我提出的交易條件就是：一、每年至少回地母廟一次，備辦四品禮物答叩神恩；二、時時感念地母恩澤，捐助善款以求皆大歡喜。僅此而已，此後倍感地母溫馨靈奇。

第五章

引導神帶你求貴人

老闆賞識、客戶支持、增強人緣魅力

人脈、人際關係、人緣、桃花、魅力、貴人……其實說的都是同一件事，就是如何被人喜愛，以及在需要幫助時，能夠獲得周遭人事物的眷顧與協助。而如果站在求貴人的立場上看，神不也是貴人的一種？差別在於祂不被看見但卻高人一等。

當我的朋友因公事，與他的同事一起因涉嫌詐欺與違法吸金提起公訴時，所有被告都忙於請自費律師上訴，請自費律師的價格非常昂貴，兩年訴訟下來耗資百萬，我的朋友家無恆產當時貧困匱乏，只能申請公費律師以求自保。

在兩年的訴訟期中，他幾度精神崩潰，眼見自己可能在無知中成爲公司的替罪羔羊，在沒有任何資源的情形下，他只能選擇上山入廟祈求上蒼賜他一個無罪開釋的契機，而其他人則忙於與律師商討，找尋法律途徑證明無罪的方法。

在二十餘人的集體審判中，判下來的結果很讓人跌破眼鏡，只有我的朋友被判易科罰金緩刑兩年，並可按月給付文到執行，而其餘的人則需再次轉往高等法院繼續上訴。

同樣的事情也發生在多年前某一個商場內，該商場那時有多家商店販賣違法光碟，有天相關單位臨時突檢，逮到兩家商店函送法辦，據說刑罰若是判很重，很可能會被吊銷營業執照，同時財物沒收還要判賠鉅款。兩家老闆一窮一富，富的花錢找關係找人，窮的沒辦法只好燒香懺悔求神幫忙，結果判決下來，富老闆被取消經營執照、沒收財物罰款數十萬元，窮老闆被判姑念初犯，沒收違法光碟，但營業繼續下不爲例。

從這幾件事來看，「找貴人」和「求貴神」都是相同的事，也就是說，找到願意相助的神，祂就會根據你的需求去幫你找貴人。用一般的話來說，貴人就是和你站同一面向的人，支持你、信任你、幫助你；小人則是和你對面站立的人，反駁你、阻礙你、傷害你。人和人之間的平行或對立，將產生「貴人」和「小人」的不同註解，然而，請託神尊時卻必須是你主動站同一面向（信任），如果與神站在對立的面向（質疑），那麼信仰的力量受到阻力的考驗，效能也會隨之降低。

在本章的求貴人單元中，將以九天玄女、東華大帝爲例，教大家如何祈求出最有效的貴人魅力，當然其他的神祉也可以如是拜求，只是因爲台灣道神族繁，無法一一列舉罷了。

全台奉祀女媧娘娘、九天玄女、地藏王、東華帝君、包公廟宇

名稱	主祀	地址	電話
宜蘭、花蓮、台東區			
大福補天宮	女媧娘娘	宜蘭縣壯圍鄉大福村壯濱路六段二七九號	03-9301171
北部、桃竹苗區			
新莊地藏庵	地藏王	新北市新莊區中正路八四號	02-29936774
新店東華聖宮	東華帝君	新店市華城路九八之一號	02-22121014
仙山協靈宮	九天玄女	苗栗縣獅潭鄉新店村小東勢二四號	03-7931699
獅頭山舍利洞	九天玄女	苗栗縣南庄鄉獅山村十七鄰二四二號	03-7822020

中南區

名稱	主祀	地址	電話
三條崙海清宮	包公、地藏王	雲林縣四湖鄉三條崙海清路九三號	05-7721741
北極金殿	九天玄女	高雄市苓雅區林森二路五〇號	07-3338158
嘉義九華山地藏庵	地藏王	嘉義市民權路二五五號	05-2782555

北桃竹苗
新店東華聖宮
主祀：東華帝君
新莊地藏庵
主祀：地藏王
獅頭山舍利洞
主祀：九天玄女
仙山協靈宮
主祀：九天玄女
花東區
大福補天宮
主祀：女媧娘娘
中南區
三條崙海清宮
主祀：包公、地藏王
嘉義九華山
主祀：地藏王
北極金殿
主祀：九天玄女
基隆
台北
桃園
新竹
苗栗
宜蘭
台中
彰化
南投
花蓮
雲林
嘉義
台南
高雄
台東
屏東

祈求老闆提拔賞識，主管不找麻煩，怎麼拜才有效？

在我們的靈山「啵比團」中，大家經過長年的心領神會，逐漸累積出一些心得經驗，並且把它說成有押韻的歇後語：「求神不拿香，好比打戰不拿槍；拿香不燒錢，好比空槍打敵人。」這句莞爾的口號不知道當初是誰最早提出的，但是聽在「啵比人」（求神者）的耳裡，大家都感同身受的欣然同意。

話裡的燒錢並不是指損毀國幣，而是指「燒紙錢」一事，每個地方的紙錢都不一樣，例如北部有「刈金」，而南部就只有「四方金」，由於紙錢不夠標準化，因此常讓很多人猶豫不知該如何下手。事實上，紙錢的作用力都是差不多的，只是各地名稱不相同，如果能夠清楚的瞭解每一種紙錢的作用性，再去尋找相對應的紙錢，其實所呈現的效果都是一樣靈驗的。

例如「刈金」是可以燒給鬼神的通用冥幣，等同於「四方金」的功能，所以兩者是相通的；而南部的「天金」是燒給天公的，等同於北部的「大箔壽金」；北部的「壽金」是燒給三界眾神的，南部則可以用「尺金」代替。這就好比你在台灣使用新台幣，但你手上只有美金或澳幣，你一樣可以在台灣使用，只要去銀行按匯率兌換就行了，各地紙錢也是相同道理，在神冥界也有一個自動匯兌所，你在燒紙錢時，無形的自動匯兌所就會幫你把紙錢轉換成各地所用的紙錢，因此，在無形界的自動交換系統，可是比我們區區的人類高明太多了。

有次回南部與老友見面，有些老友的兒女都已經在工作養家了，於是爲人父母者就開始擔心起兒女的工作前途。其中有位老友的女兒在銀行工作，雖然職位、收入都不差，但是身爲女兒的媽媽還是會替女兒抱不平。她說她的女兒工作永遠比別人多，下班永遠比別人晚，每次打戰先鋒都有她，加薪晉級就要等時機，眼看別人都連升三級，她的女兒還是在原地打轉，好不容易終於等到升職了，卻把她調去遙遠的外島（澎湖）至今歸期無訊。當媽的老友長吁短嘆了好一陣，最後靶標直指沒長眼的主管老喜歡找她女兒麻煩！

再三探詢之後，才知道她女兒生性內向不擅言詞，做人又一板一眼，雖然實事求是但是不知圓融，與同事相處冷若冰霜，對老闆又是不苟言笑，除了食指會按鍵盤外，其他的部分幾乎就是唯美的雕像，完美而不可親近，我心想這樣的完人會被調去澎湖當風獅爺也不是沒道理的。

「你說這事該怎麼辦？」她一雙飽經風霜的眼眸投遞出殷切的期待。

「拜拜啊！」習慣性的口頭禪脫口而出。

「拜誰啊？」反擊式的習慣用語脫口而出。

於是我便帶她去找九天玄女娘娘作主了。在「啵比團」的拜拜法中，有一種「解靈法」，其意思是解放一個人桎梏的心靈，使人神清氣爽親切可人，這種方法很類似催眠心理學中的深層催眠，將一個人導入潛意識狀態，並且以口令暗示他，他擔心的事情已經被解決，從此他可以不必再爲該事擔憂。「啵比團」的作法則透過祈請的方式解放該人的靈魂意識，兩者之間殊途同歸。

此外，再以四品禮物向九天玄女稟報，祈請九天玄女惠施靈能，改善女兒的工作環境和主管緣。九天玄女是上古神祉，有人說她是盤古的妹妹，有的人說她是黃帝的老師，但不管祂身繫何種神話，我們可以把祂直接視為大無畏與大智慧的神聖靈能，祂的靈能綻放具有改變與突破的功能，而在建立新環境之後，讓人與環境能夠更為相容，並且予以守護和增長。

九天玄女也是掌管美麗之神，有很多以祂為引導神的女性，在祂的潛移默化中魅力倍增也增長智慧，以現代用語來說，就是智慧與美貌兼具的女強人。

話說老友的女兒連續求了三次，讓人妙嘆的是辦完第三次之後，原本分行的主管突然打電話要人，請求將她女兒從澎湖調回來，原來他女兒調職後，分行的行長有天在她常拜拜的宮廟被指示，要把某姓貴人叫回來，才能增長該行業績。就這樣，老友的女兒又重新回到她的蘿蔔坑，看來每個人階級不分大小，每有內心的恐懼感需要被愛撫時，還是會想從神明那裡得到慰藉，讓人咋舌的是在你不知、我不知的情況下，神明已如操作傀儡般的佈署就緒。

求老闆賞識、主管疼惜的四品禮物

1、花果燭（可能的話，花用紅色百合最好）。

2、帶殼龍眼乾一〇八顆。

3、當事人乾淨的上衣一件（內衣外衣均可，但要有袖子，不可用無袖背心），擺放於案桌上，並以補運錢壓著。

4、九品壽生蓮花一組（紙錢店有售，用九種顏色的壽生蓮組合而成）。

5、小葫蘆一個（大小以隨身攜帶方便爲主）。

6、功德金一張（金額隨意）。

7、稟文一張（書寫內容請參考前述）。

8、紙錢：

•四色金三份。

•補運錢三十支。

• 福金三十支。
• 刈金三十支。
• 黃錢二十支。
• 白錢二十支。
• 巾衣二十支。
• 甲馬二十支。

拜拜步驟

1、先到廟外朝天請玉皇大帝和引導神，並且稟明今日所求何事（內容請參考前述）。

2、到主殿向所求之神稟報今日所求何事，若是臨時怯場不知該怎麼說，也可以按照事先寫好的稟文照念。

3、向其他配祀神簡要稟報，並求辦理圓滿順利。

4、拜好後開始稟報準備的四品禮物數量，並擲筊請示是否圓滿，若是聖筊即可；若是否定的「蓋杯」，就再請示是否還要另外擇期再辦。

5、請得聖筊可以燒紙錢之後，在燒紙錢之前要先把一〇八顆龍眼全部敲破，龍眼殼併紙錢一起燒化，龍眼肉帶回家後摻薑片、紅棗、枸杞煮甜湯喝，冷熱不拘。

6、燒完紙錢再到神前再次叩恩答謝，收拾四品禮物返家。

注意事項

1、帶去的衣服，晚上洗好澡後可以穿上，或是隔天穿均可。

2、小葫蘆要在金爐上繞三圈隨身攜帶。

3、人與人之間的關係瞬息萬變，因此建議此法要經常做，我個人習慣是每兩個月去廟裡化一次。

祈求客戶、同事支持，無小人扯後腿，怎麼拜才有效？

自古至今有燒香拜拜的地方，就一定會有打小人的方法，香港地區流行用鞋子打紙人，作爲懲治小人的一種手段，台灣也流行以各種法術阻絕身邊的小人對自我的危害。每個人在無計可施時，都會想來上打小人一招，難怪在職場上下符施咒的花招層出不窮。但是，有時不妨想一想，別人是你的小人時，你是否也有可能成爲別人的小人？大家打來打去治來治去，如果符法奏效，難道眞的就大快人心了？

幾年前一位女性朋友，因爲不滿她的女性主管，憤而從書上學了東南亞降頭法，準備好好的修理一下她主管。也不知是巧合還是符咒奏效，依樣畫葫蘆沒多久，她的女主管「果眞」在施法後因車禍喪生。她聞訊後心神大亂，一直認爲是她害死了她的主管，因爲恐懼過甚，幾度夢見主管前來索命。也許錯不在她，但事情發生的時間太過於巧合，以致於令她一輩子惶惶不安，眞是害了別人苦了自己，又何苦來哉？

市面上有販售很多關於符法咒術等等書籍，有沒有具備效力不得而知，但是很多人買來後如法炮製，往往造成諸多無可收拾的後遺症。其實，討厭一個人或是埋怨一個人，都是一時的情緒或是彼此不夠瞭解所造成的，因爲一時的情緒使然，造成諸多永生的遺憾，其實是很划不來的事情。因此，每當遇有前來問如何「剋」小人或是「打」小人的事情時，我總是認爲與其剋或打，遠不如「化」來的有效。所謂的「化」就是把彼此間的怨懟視爲一種其來有自的因果關係，透過祈求、燒紙錢的方式，化清彼此間的業力債務關係，使彼此之間借貸平衡，同時也產生互相欣賞的作用力。如此一來，就不是從如何消滅你的敵人出發，而是從眞心交朋友的立場開始，大家化干戈爲玉帛，豈不比大動干戈好？

在大陸工作的朋友小劉就從中體會到這個道理。很多剛到大陸工作的台灣人，剛開始時都會有大陸人適應不良症，總是會覺得雖然同文同種，但是話說出去都好像有聽沒有懂，彼此溝通有了隔閡，就很難在工作上達成共識。小劉在公司負責網站商業規劃，網站架設、找廠商、找商品等等工作都落在他的身上，但他漸漸發現，管財務的大陸同事似乎對他處處掣肘，老是延發廠商工程款，找他溝通了幾次也是雞同鴨講，後來又從其他同事那裡聽到諸多對他不利的謠言，明查暗訪下才知道是管財務的同事到處在放風聲，令他爲之氣結又無可奈何。

一開始他也是對我抱怨他的同事，並且詢問有沒有可以克制的辦法，我勸他不要去「剋小人」而是用溫和不躁的方式來「化小人」。於是，選了一個假日，我們一起去上海有名的千年古剎「龍華寺」，請龍華寺的地藏王菩薩幫他化小人。當我在幫他稟報此事並詢問紙錢的同時，他持香跪在地上，在恍惚中他看到他與他大陸同事的前世關係，等我問好紙錢後，他跟我說，他在那一剎那間看見他的同事在某一世是他的下屬，因爲職級比他小，所以他常對他的下屬頤指氣使，讓他的下屬憤恨難消。

雖然不知道他的一剎那幻覺是否屬實，但是書上說：「欲知前世因，今生受者是」，這句話也是從因果的角度教人認清事實、接受事實並求積極改變。小劉或者緣於他的敏銳天性而果眞進入前世的某一情節，也可能受知識教育的薰陶，而有了「今生受者是」的觀念，但不管如何，他總是在他自己的覺識中找到了自我平衡的方法。

請地藏王幫他化小人的同時，也請地藏王作主幫他將身邊的潛在小人同時清一清，過了不久，有一天小劉來電說，他的財務同事不知道是不是吃錯藥，在公司擦肩而過時竟然會對他微笑，前幾次火燒山似的抗議突然不見了，財務同事跟他說，之前會計做錯帳拖延了他的廠商應付工程款，他知道後立刻做了緊急修正，如今款項都已經匯到廠商戶頭內，同時他拍胸脯保證，以後再也不會有這種事情發生。

小劉正在納悶他這個財務同事怎麼突然轉性的同時，公司發佈了一道人事命令，他的財務同事被調到公司的門市當財務主管，其實這是一道明升暗降的人事命令，到了門市之後名爲經理，其實是從財務經理變爲會計經理，小劉也在好奇是誰給他的財務同事下毒，不過讓他慶幸的是，這些事與他無關，他還是心安理得的繼續當他的運營主任。

在職場上要求化小人或是提昇工作上的貴人運，一般都會採取兩種作法：一是到地藏庵請地藏王化解與某人間的因果業力；另一個作法則是拜公司所在地的地基主，請地基主暗中幫忙，讓小人遠離貴人親近。如果在公司不方便拜地基主，可以到公司附近的土地公廟，請土地公幫忙，把紙錢轉化給地基主。當然，在去土地公廟之前，要先跟公司的地基主稟明，請祂到公司附近的○○土地公廟領納紙錢和接受祈請，至於到地藏庵化小人的方法，則如以下介紹：

求貴人親近小人遠離的四品禮物

1、花果燭一份。

2、紅湯圓三碗（可買超市現成的裝碗）。

3、熟蛋五顆裝盤（白煮蛋、滷蛋、茶葉蛋均可）。
4、糖果一盤（多寡不拘）。
5、四色金三份（用廟裡的即可）。
6、解厄錢十支。
7、黃錢、白錢各十支。
8、巾衣、甲馬各十支。
9、往生蓮花十八朵。
10、壽生蓮花六朵。
11、稟文一份。

拜拜步驟

1、先持香到廟門外朝天呼請玉皇大帝和引導神，並稟明今日來地藏庵所辦何事，祈求今日能夠辦理圓滿。

2、到廟中向主神地藏王稟報是誰阻礙你，請地藏王作主化清你們彼此間的因果業力，如果此事得以圓滿，你必會行功造德答謝神恩。

3、主神稟好後，再向其他配祀神稟報，請祂們協助圓滿處理。

4、全部稟好後，再燒三炷香，並帶著筊杯至地藏王面前，重新再稟一次所準備的四品禮物，並擲筊是否紙錢數量圓滿？若是「聖杯」則可以燒化紙錢；若是「蓋杯」則要逐項問每一紙錢的數量，然後再重新問一次是否圓滿。

5、紙錢燒化完畢，再至地藏王面前答謝該廟眾神的幫助，並祝該廟眾神神威顯赫香火鼎盛，始可收拾供品離廟。

注意事項

1、紅湯圓可以帶回家食用（不食亦可）。

2、五顆熟蛋、糖果需於燒紙錢時，連同紙錢化於金爐內。

3、除地藏王之外，也可以向太乙天尊、東嶽大帝拜求化小人。

祈求增加人緣魅力，到處吃香，怎麼拜才有效？

拜神求事、求運時，每個人在香插上去的那一剎那，就開始爲自己描繪著能如他人一樣幸運的畫面。就像某一家彩券行一旦開出頭獎，就會有一群人飛蛾撲火般的蜂擁而上，每個人都希望自己是那位幸運得主，但是幸運得主只有一位，否則也不會稱爲頭獎。

拜拜也許不會讓你成爲唯一的頭獎得主，但它絕對會在某一個時間，讓你成爲幸運的中獎得主，只是得獎的內容會以不同的方式呈現，讓你既期待又心焦。因此，有人不免質疑究竟何時才會中獎、甚至可以兌獎？按照我的經驗來說，我個人認爲在不破壞因果業力的前提下，一個人運勢的興旺盛衰，仍然必須依循著命運的劇本去運轉，假如一個人的運勢透過命理的分析，是必須在一年後才能否極泰來轉好運，那麼拜拜時所累積的能量，在那時也才能開花結果。反之，如果剛好命運的軌跡呈現出下個月立刻走上好運一途，那麼拜拜時的能量也會在一個月後，配合你的運勢而給予實質的具體好運，這也就是爲何同樣都是拜拜，有些人很早就開花結果，有些人卻要苦等多時的原因了，主要關鍵即在於你個人的命運走勢。

如此說來，或許有的人就會覺得，既然一切都是命定的安排，那麼豈不是即使不拜，到時也一樣可以走好運？這個想法我認爲是肯定的，如果最後的結果都是好的，那麼過程中的選項就看你自己選擇拜或不拜，而在我的漫長拜拜之旅中，我所學習到的經驗告訴我，雖然我的好運是在一年後才啓動，但是過程中的拜拜求運，我將它視爲在爲我未來的好運加緊儲蓄，我認爲它是具有加分作用的！打個比喻來說，如果一年後的我注定將會獲得一萬元，即使我不拜，一年後我一樣會得到一萬元，但是如果透過拜拜的儀式，在一年中我不斷的累積我的陰能量，一年後由於我的陰能量可能儲存到一定的程度，我的收穫可能會由原來的一萬累增到十萬甚或更高。

雖然這是一個結果論的說法，但我仍然要說拜神求運最重要的並不是最後的結果，而是從現在起到一年後這一段時間的過程，在這段時間內累積的拜神能量，具有幫你遇難呈祥、轉危爲安的功能，這遠比實質物質的轉換會更讓人感動。

在「啵比團」中有一位趙師兄，他自己平日精研命理，有空時我們也會互相交流切磋，有一天他拿他的命盤出來，問我從他命盤可以看出他今年發生什麼事？我看了看認爲是一場極大的意外之災，甚至有斷手斷腳的可能，但是我沒說出來，因爲發生的時間已經過了，而且他人好好的站在我面前，除非是瞎子否則怎可能在平安無事的當事人面前說出自毀招牌的話？

豈料這時趙師兄說了：「是不是有斷手斷腳的疑慮？」趙師兄神祕的笑著問，我點頭稱是。他說之前他也找了多位命理老師印證，答案幾乎都是肯定的，其中還有位大砲命理師一口咬定一定會出事，否則到時可以去拆他招牌。

趙師兄後來又說，那一陣子他剛加入「啵比團」不久，之後的確發生了一場意外；他帶著小孩到河濱公園騎腳踏車，爲了閃避一隻迎面衝撞的黃金獵犬，他連人帶車翻入基隆河內，當時他心想完了！但沒想到河堤邊一根突出物卡住了他的車輪，他受震順勢跌入河內，起來時竟然毫髮無傷，當時旁觀的人約略測量一下高度，替他捏把冷汗的說他眞是福大命大。趙師兄起身後，回想剛剛的驚險畫面，他覺得他在跌下去的千鈞一髮之際，似乎有一股力量托住他，使得他在跌落時不至於重力加速度，否則後果眞的不堪設想。他說，事後回想，他覺得托住他的力量可能是來自他的引導神——玄天上帝，因爲那股力量不但剛渾而且溫暖。

其實不止趙師兄在命定的軌跡中得到急轉彎或緊急煞車的神蹟，幾乎每一個人都會在需要時得到這種經驗。有時經驗的獲取是一種似有若無的感覺，然而，當一個人在拜拜中，如果能夠體會出一切的美好都是來自庇佑，一切的阻礙都是來自神恩的化解，具備了這樣的「感恩」心情，似有若無的感覺就會在無形中強烈而具體。「感恩」是來自深入體會別人爲你付出什麼，而願意未來也以同樣的力量回饋對方或其他人。因此，「感恩」是深刻的體會和行動，絕不是打躬作揖時的口頭禪而已。

本單元雖是要教大家如何拜出個人的魅力，舉上例看來似乎有點牽強，但用意是想讓大家明白，拜神求運的過程中自發產生的「感恩」態度，其實是一顆很重要的種籽，當它在你心裡栽下，並且發芽吐綠時，你的個人魅力和人緣也會在此時同時增長茁壯。一個人如果懂得感恩，就會衍生出體諒與禮讓，接著慈悲心和同理心也會於焉產生，身體力行所產生出來的感受，絕對會比不斷唸誦經咒更容易讓人明白，因爲福田是靠自己深耕，而不會憑空出現。

言歸正傳，話說東華帝君爲何可以助長一個人的個性魅力？首先要瞭解東華帝君的「身家背景」。祂是屬於自然神，也就是中國人膜拜日月山川之氣所虛擬出來的神格，如果太陽的升降由東至西代表一天的廿四小時，那麼東方代表的是開始起點、生命之初、生氣之始，西方則代表結束、結果、終點。而由此定義所揣測出來的東華帝君，便具備了生命初始的能量與魅力，向祂祈求能量的給予，往往可以讓一個人的精神能量或是個性情緒，都能夠趨向於正面積極、生氣盎然。

因此在靈山的膜拜中，東華帝君與玉皇大帝、關聖帝君、玄天上帝、孚祐

帝君並列為「五帝」，同時在人世間庇佑眾人，誘人行功向善，只是一般人對他的熟悉度不夠，因此全省各地的廟宇並不多見，即使有，也多是配祀神。然而，東華帝君的神威並不僅限於個人魅力的提昇而已，祂也包含財富、健康的給予，也兼跨靈體向上提昇（修道），跳脫三界的引導功能。許多以東華帝君為引導神的人，通常都在於自我欲望滿足之後，隨東華帝君的靈能引導，而逐漸走向養命修眞的境界。

東華帝君的造型多爲右手拿書、左手執拂塵，對諸事有所求的信眾來說，祂手上的書相對重要，如果可以獲得祂的贈書，那麼所求之事也將事半功倍。在以下的內容將會透露些許求贈的「偷吃步」，至於能不能獲得，則看個人的因緣了。

求東華帝君賜個人魅力的四品禮物

1、花果燭各一份。

2、紅圓六個。
3、青龍旗六支（小支的，每個紅圓插一支青龍旗，紙錢店有賣）。
4、甘蔗一包（削皮可，要捆紅絲線或紅紙條）。
5、金壽生蓮花四朵（取八卦中震卦四之意）。
6、四色金十二份。
7、刈金三十支。
8、福金二十支。
9、天金或壽金十支。
10、稟文一份。
11、功德單一張。

拜拜步驟

1、先持香到廟門外朝天呼請玉皇大帝和引導神，並稟明今日來〇〇廟向東華帝君祈求貴人好運、人事和諧，祈求今日能夠辦理圓滿。

2、到廟中向東華帝君稟報由於你自我表達能力不佳，雖然有心為人著想，但是屢遭他人誤解，內心始終疑慮困頓，請求東華帝君慈悲垂憐，助你人緣運旺，人見人愛處處討喜。

3、主神稟好後，再向其他配祀神稟報，請祂們協助圓滿處理。

4、全部稟好後，再燒三炷香，並帶著筊杯至東華帝君面前，重新稟報一次後，再稟所準備的四品禮物，並擲筊詢問紙錢數量是否圓滿？若是「聖杯」則可以燒化紙錢；若是「蓋杯」則要逐項問每一紙錢的數量，最後再重新問一次是否圓滿。

5、紙錢燒化完畢，再至東華帝君面前答謝該廟眾神的幫助，並祝該廟眾神神威顯赫香火鼎盛，始可收拾供品離廟。

注意事項

1、每支青龍旗要用紅筆寫上名字、出生年月日、住址，並蓋上手印。

2、每朵金蓮花都要蓋上手印。

3、要求東華帝君賜寶書的時機是在問好紙錢是否可燒化之後，這時你要說：

> 弟子再稟，今日以甘蔗、蓮花為禮，求東華帝君賜寶書助弟子頭腦清明、神清氣爽、貴人增加、多得眾人疼惜，蒙帝君賜寶書一部，隨身引導弟子不為魔絆，以彰聖德，今以三聖筊求帝君明示賜寶。（如果記不住可以先做小抄喔！）

4、若是得贈寶書，要跪下雙手成捧物狀，好像在接受賜予一樣，用心靈感受寶書已在你手後，將雙手伸回，雙掌貼於胸口，好像把寶書收進你心中一樣。

5、得到寶書後，要記得三跪九叩感謝賜禮，還要請東華帝君神威顯赫，指示你該如何運用寶書，有人因此而連續夜夢東華帝君前來授課。

6、拜好後青龍旗拔起燒化，紅圓帶回家食用。

7、甘蔗也可以帶回家吃（吃出好魅力）。

8、金蓮花三朵連同紙錢一起燒化，另一朵攜回家中擺放於清淨之處，下一次有拜拜時再燒化即可。

第六章

引導神帶你求姻緣

真命天子、夫妻恩愛、家庭和合

記得小時候看過一些古裝劇是這麼演的：有錢有勢的員外打算娶妾進門，在家相夫教子的元配夫人，在萬般無奈下只好在家中自設的佛堂，長年吃齋唸佛敲木魚誦經，任憑二姨太、三姨太陸續進門，元配始終穩坐第一夫人寶座，卻對自家宅院內所發生的大小事情充耳不聞。

在那個封建的年代，女人的家庭地位低落，權勢不足以對抗丈夫的權威，於是採取消極的抵禦，逕自誦佛唸經自圖清淨。但是站在一個女人的立場，試問有哪一個人願意共享一夫？唸經究竟是從殘缺的婚姻中看透紅塵濁世，試圖想要直取三昧清涼地？或是消極、悲愴的抗議，從而逃避眼前的事實當作萬物皆空？

醫學中有所謂「自願式昏迷」的病例，意思是說有些重度昏迷者，因自我意志不願意從昏迷中甦醒，以免再去面對不願面對的事實，唸佛唱誦在某些層面上也不失為一種安定、麻痺的良方。但是，如果人間的確是一個自我修鍊的道場，那麼麻醉的藥效終究會有消褪的時候，等到有一天被動式的醒來，仍然必得面對你不願面對的眞相，如此一來，自我催眠的那一段時間，在生命的歷程中便白白空缺消耗掉了。

中國的陰陽學中有提到一個時間互動的影響觀念：「前事不剋後事，後事反剋前事」，這句話的概念其實就是鼓勵每一個人，活在當下的時候就要勇於面對當下的問題，面對不等於解決問題，而是去接受當下的事實並謀求逆轉的機運。消極的逃避和積極的暫退，是兩種截然不同的思路，前者造成「後事反剋前事」，後者造成「前事不剋後事」，萬事萬物的道理都是相同的，求婚姻、求事業、求健康都是一樣的道理。

如果把組織家庭視爲一種事業體的結構，那麼這個由兩個股東組成的公司，就會面臨的諸多的考驗：股東意見不合（夫妻吵架）、公司營銷（家庭經濟）、擴大規模（子女）、高薪挖角（外遇、劈腿）、永續經營（分合的抉擇）等等，而在倡導活出自我的年代，許多的摩擦就是從觀念開始引發的。觀念產生行爲，行爲影響對方的觀念，從而改變對方的行爲，於是彼此的行爲逐漸形成對立，彼此否定、吝於欣賞對方，從此愛逐漸萎縮，彼此重疊的身影逐漸淡去……

感情如果會產生糾葛，那是因爲有一方轉身離去而另一方緊追不捨，千百年來科技改變了人類，卻從未改變過人心，人們因愛而生、因恨而苦的感情世界古今皆同。

在拜拜的行伍中，求婚姻和諧、家庭美滿的人，遠勝於求事業求財運的族群，這顯示出人們對於婚姻、家庭的不確定感、以及同時也充滿著期待與渴求。沒戀人的希望有人追，有家庭的希望老公別出軌，老公出軌的希望懲治小三……總之人們有層出不窮的家庭煩惱，期待透過香煙繚繞獲得神祇庇佑回歸美滿。

在求婚姻順遂的神祇中，我個人比較推薦**王母娘娘**、**金母娘娘和呂仙祖**，主要是因爲這三位神祇對於婚姻、感情、家庭的經營感受性會比較深，往往感同身受的人比較容易體會當事人的需求；但對於呂洞賓爲何會「介入別人的家庭」這裡要稍稍解釋一下：呂仙祖是修道成仙的眞人，祂的職責是以輔導人性向神性的精神領域提昇，因此，祂認爲修身與齊家是要同時並進的，於是，祂羽化升仙後，對於善男信女的家庭生活非常看重，因此，許多法師在以符錄處理夫妻和合時，都是請呂仙祖降臨作主。

另外曾有一說，戀愛中的男女不進仙公廟，免得因爲呂仙祖眼紅而將兩人拆開，其實這是對呂仙祖的一大誤解。洞燭先機的呂仙祖是因爲看見了一起入廟的男女，彼此間因爲因果業力而即將結合，因此，先以祂的法力劃清兩人間的業力，但世人不察，以爲是呂仙祖不懷好意，其實反過來說，如果是夫妻入廟，仙祖也會以祂的功德力劃清兩人間的業力，而使夫妻的感情更爲和睦。據說多年來，呂仙祖憑著祂的願力做出了許多功德，未來玉皇大帝輪值將由呂仙祖孚佑帝君繼任。

全台奉祀金母娘娘、王母娘娘、呂仙祖（孚佑帝君）廟宇

宜蘭、花蓮、台東區			
名稱	主祀	地址	電話
花蓮慈惠堂總堂	金母娘娘	花蓮縣吉安鄉聖安村慈惠三街一三六號	03-8520216
花蓮勝安宮	王母娘娘	花蓮縣吉安鄉聖安村慈惠三街一一八號	03-8528658
慈惠堂石壁分堂	金母娘娘	花蓮市國福里石壁街二八〇巷三二號	03-8570951
法華山慈惠堂	金母娘娘	花蓮縣吉安鄉大昌村慈雲路五二號	03-8579792
寶華山慈惠堂	金母娘娘	台東縣鹿野鄉瑞和村仙山路二號	089-581229
北部、桃竹苗區			
名稱	主祀	地址	電話
木柵仙公廟	呂仙祖	新北市文山區萬壽路一一五號	02-29399920

三元台元山殿	坤元五母	新北市北投區秀山里秀山路八五巷一一五號	02-28940399
獅頭山舍利洞	金母娘娘、王母娘娘	苗栗縣南庄鄉獅山村十七鄰二四二號	03-7822020
中南區			
名稱	**主祀**	**地址**	**電話**
谷關大道院	金母娘娘	台中縣和平鄉東關路一段四五〇號	04-25943555
嵌頭山仙公廟	呂仙祖	台南縣東山鄉南勢村大洋路十四號	06-6861502
西台玄樞院	王母娘娘、金母娘娘	台南縣關廟鄉深坑村六十六之七十六號	06-5953787
高雄慈惠堂	金母娘娘	高雄縣鳥松鄉大華村本館路四十四之七號	07-3703090
甲仙王母宮	王母娘娘	高雄縣甲仙鄉西安村和南巷二號	07-6751309
北極金殿	金母娘娘	高雄市苓雅區林森二路五〇號	07-3338158

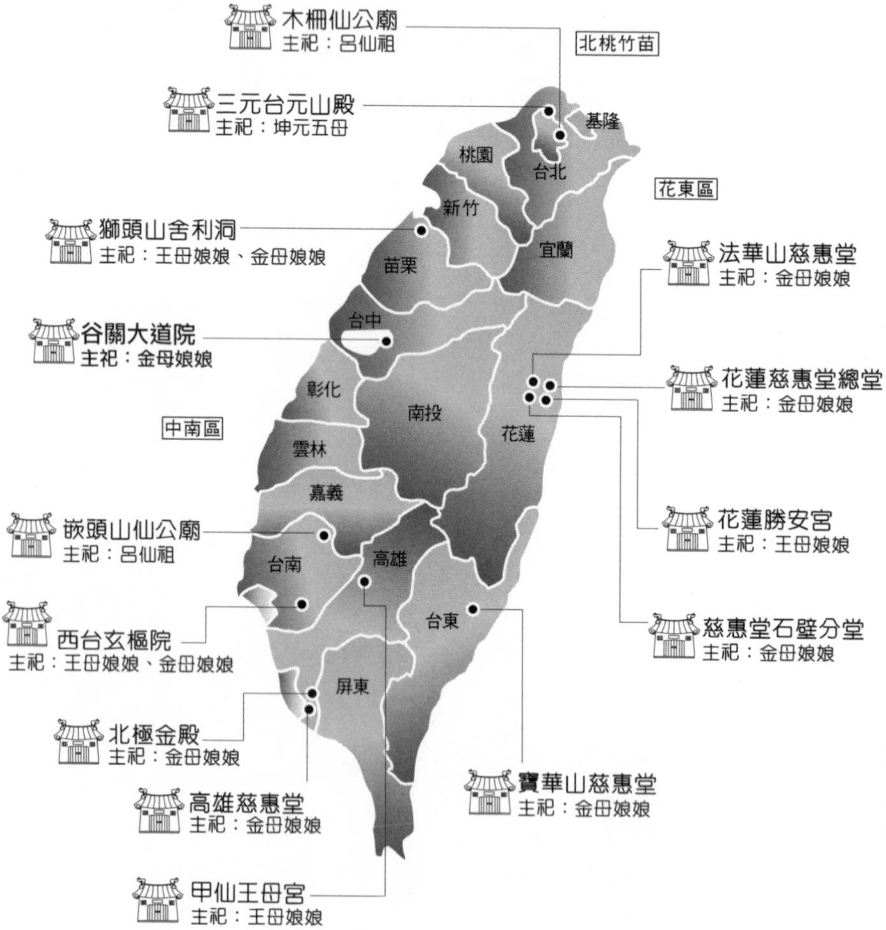
木柵仙公廟
主祀：呂仙祖
北桃竹苗
三元台元山殿
主祀：坤元五母
基隆
桃園
台北
花東區
新竹
獅頭山舍利洞
主祀：王母娘娘、金母娘娘
宜蘭
苗栗
法華山慈惠堂
主祀：金母娘娘
台中
谷關大道院
主祀：金母娘娘
花蓮慈惠堂總堂
主祀：金母娘娘
彰化
南投
中南區
花蓮
雲林
嘉義
花蓮勝安宮
主祀：王母娘娘
嵌頭山仙公廟
主祀：呂仙祖
台南
高雄
台東
西台玄樞院
主祀：王母娘娘、金母娘娘
慈惠堂石壁分堂
主祀：金母娘娘
屏東
北極金殿
主祀：金母娘娘
寶華山慈惠堂
主祀：金母娘娘
高雄慈惠堂
主祀：金母娘娘
甲仙王母宮
主祀：王母娘娘

祈求夫妻感情恩愛，無小三介入，怎麼拜才有效？

愛情本身並沒有對錯可言，但是把愛情套入社會體制中，就會產生輿論或是法律上的對錯問題。小三之所以成爲社會公害，就是因爲挑戰了法律及道德的界線，對元配來說，小三的出現等於是宣告她的家庭即將進入備戰狀態，她必須採取任何可能對策捍衛她的家庭。現行法律或可維護她的基本主權，但卻無法將丈夫迷失的心找回，於是，很多遭遇第三者入侵的女主人，總會不約而同的找尋各種不同的斬桃花方法，企圖分割小三和丈夫的糾纏。

這固然是一種普遍性使用的方法，然而卻不是個治本的辦法，自己的家園會被外來者入侵，那是因爲圍牆築得不夠堅固，防禦措施沒有做好，即使打敗了一個小三，也難保不會有另一個小三入侵。

所謂的圍牆堅固與否，指的是夫妻之間的感情是否能夠歷久彌新？彼此間的情誼若是能夠互信、互諒、互愛，那麼即使有再多的小三想進來卡位也很難稱心如意。因此，如果有一種方法並非斬斷丈夫的外在桃花，而是化解自己與丈夫之間的因果業力，留下夫妻間的前世恩愛，那麼，這樣的方法就會勝過斬桃花。

關於拜神求事，筆者一再重申必須要具有自我反省的能力，將丈夫與自己的感情、小三與丈夫的外遇，視爲是一種前世的糾纏關係，那麼可以在拜拜中深切的反省自我，用體諒的心情祈求神尊化解自己、丈夫與小三間的三角關係，彼此間的業力關係化清之後再無恩怨糾結，彼此就能回到各自正常的軌道了。

去年有位讀者來信說，她風流成性的丈夫陸續結交了小二、小三、小四，本來她想睜一眼閉一眼，誰知小二竟然聯合小三要她退位，爲了小孩、爲了讓丈夫回頭，她花了許多錢去請法師斬桃花，但後來法師告訴她，她的先生擁有一整片的桃花山，勸她不要再花錢，乾脆退位算了。這讓她哭笑不得，守著一個將近二十年的家庭，卻在旦夕間叫她拱手讓人，這份委屈叫她如何嚥得下？

於是我告訴她與其斬桃花，何不想辦法化解她與丈夫間的業力關係，把彼此的業力都化清，保留住彼此會成爲夫妻的善緣，這樣一來即使先生的桃花長得滿山遍野，也會因爲他的自我覺醒而收攝身心，重新回歸家庭。

這位太太後來選擇去王母娘娘那裡，請王母娘娘作主幫她化解與先生之間的業力關係，據說她跑了很多趟的王母娘娘廟，剛開始也覺得效果不是很明顯，但幾次以後，她漸漸感覺先生對他說話不再粗聲粗氣，也會主動在週日帶家人外出用餐，當然她自己也經由反省，改變對待丈夫的態度，夫妻間的感情逐漸修補回來。

夫妻之間的相處本來就該以「恩愛」爲前提，採取讓對方畏懼、屈從的方式都不是最完整的，愛情本該包含感情與責任、信任與互助，斬桃花的方式也許有效，但卻不見得是最完美的方式。

求化解夫妻業力的四品禮物

1、花果燭一份。

2、男女草人各十二個（金紙鋪有賣）。

3、夫妻的衣服各一件。

4、玫瑰花六枝（紅色，並要準備一把剪刀，到時要剪玫瑰花用的）。

5、四色金六份。

6、解厄錢十支（五小支爲一支）。

7、夫妻和合金二十支。

8、刈金二十支。

9、福金二十支。

10、黃錢、白錢、巾衣、甲馬各十支。

11、過關錢十支。

12、壽生蓮花二十四朵。
13、往生蓮花二十四朵。
14、稟文一份。

拜拜步驟

1、拜拜之前，先把二十四個草人放在盤子上，再把夫妻二人的衣服放在草人身上。
2、玫瑰花不是供神的，所以平放在桌上即可。
3、拜拜的程序一樣要先呼請引導神或玉皇大帝，然後入廟稟報主神王母娘娘，之後再稟報配祀神。
4、擲筊詢問四品禮物是否足夠，若不夠，則需逐一詢問、增加。
5、稟好後將玫瑰花剪成數段，裝於盤子內，連同紙錢一起燒化。
6、禮畢後，一一向神明答謝。

注意事項

1、二十四個草人有十二個代表太太、十二個代表先生，每個紙人都要寫上姓名、出生年月日、地址，可用紅紙寫好再捆於草人身上。

2、拜好後衣服可拿去過一下香爐，再收起來帶回家穿。

3、本法屬於正法，不會有任何副作用，敬請安心使用。

祈求真命天子（女）出現，怎麼拜才有效？

曾有一個故事說，一位婚姻瀕臨破碎的女人跑去月老廟，向月下老人哭訴說：「當初我來求祢幫我促成一段好姻緣，所以我才會遇到我老公並且結婚的，現在他失業外面又有女人，成天不回家，祢說我該怎麼辦？我的小孩該怎麼辦？」

可憐的月下老人實在是非戰之罪，要知道月下老人的工作是幫人牽紅線，但是牽完紅線後所發生的夫妻業力問題，其實就非月下老人能力可管了，還是那句老話：「神仙不破因果」。此時又有人會問了：「可是當初我是請月老作主的，怎麼會這樣？」拜託，接生婆是包生又不包養，夫妻間的相處好壞當然是看彼此，而不是靠月下老人。

然而，這也延伸出一個問題來，大部分到了適婚年齡又還沒有對象的人，不但自己內心焦急又加上家裡逼催，對於婚姻的渴求猶如沙漠渴水一般，於是，何時會遇到本命中的眞命天子或天女，就成了算命或拜神最常發出的問題。大家都在問何時可以遇到，卻從沒有人問她（他）的天子或天女好不好？有沒有前途？愛不愛他（她）？彷彿跳樓大拍賣一樣，深怕買主事後後悔。

很多婚姻問題都是婚前沒有經過客觀審愼的思考所造成的，朋友的哥哥漸入中年，無業、負債卻老想成家立業爲家裡傳遞香火，卻不去考慮娶妻生子之後，自己要去承擔哪些責任。一個勁的想結婚，但老實說，以他後天不良的客觀條件來看，要娶本地女孩基本上是難上加難，最後父母也抱著讓他娶個老婆說不定會改運的想法，花了三十萬終於把外籍新娘娶進家門。

老婆娶進來了，小孩也生了，但是不幸福的事也發生了，不得志的兒子依舊天天買醉，不甚寬裕的兩老又多了媳婦和孫子的負擔，原本語言不通的媳婦，最後受不了老公的暴力，偷偷離家出走一去不回……當初所期待的「奇蹟」並沒有發生，反而是意料之外的災難接踵而至。

上海的一位女性客户也是一樣，在大陸的女孩子如果超過二十五歲還沒有談論婚嫁的對象，家人或是朋友就要開始指指點點了。這個女孩子當初也是到了適婚年齡一直找不到合適的對象，後來在朋友介紹下認識了一位當警察的男人，兩人認識不到三個月就匆匆結婚了。婚後三年，有一天老公突然提出離婚的要求，她以爲老公有了外遇，但老公矢口否認，他說他只是想要一個單身的自由空間，每晚每夜老公都吵著要跟她離婚，讓她非常惶恐，如果老公外面有女人，起碼她還可以發頓脾氣，偏偏老公又是中規中矩，只是想有個個人空間而已，有時甚至半夜還會故意打電話回來把她吵醒，要她答應離婚的要求。她瞇著睜不開的眼睛跟老公說：「明天再說吧！」老公卻說：「我睡不著妳也別想睡，大家都耗著吧！」

她一直無法理解她的老公爲什麼成天像個耍賴的小孩子一樣，非要逼她離婚不可，但她也吃了秤鉈任憑老公吵翻天，她還是不爲所動，只是她不明白她老公到底著了什麼魔，非要這樣的跟她糾纏。

古人說：「男怕入錯行，女怕嫁錯郎」，想結婚、想有個終生伴侶是多數人的情感欲望，但卻不能因爲這樣的想法而忽略掉其他的條件，否則到頭來吃虧受苦的又豈止是單方面而已。

萬一苦於沒有對象卻要請求神明保佑時，必須要把話說清楚，並不是只要有對象就好，還要很理智的對神明要求，請他們牽紅線時，務必要幫忙找個年輕有爲、積極向上、前途光明、後勢看好、忠於家庭、彼此有恩愛沒業力糾纏的對象。有沒有對象結婚其實並不是最重要的事情，重要的是婚後兩人能有志一同爲家庭幸福打拚。時下年輕人流行嫁進豪門當貴婦，但是說來好笑，別說嫁入豪門深似海，普世之中又有多少個豪門可以收留一心想嫁進來的貴婦？

很多現實的案例中都可以看到，嫁進去時明明是豪門，但沒多久豪門坍塌，貴婦變貧婦的例子比比皆是。但也有另一種選擇是要求老公或老婆都是中規中矩的人，只要吃穿不愁、夫妻和諧足願矣。這種求穩定中繼續發展，兩人同心胼手胝足，反而意外地爲自己蓋了一座大豪門的例子也是屢見不鮮。因此終歸一句：「福禍無門，唯人自招」，一切的結果皆來自最初的想法。

在求神賜予好姻緣時，祈求非富即貴的對象並不是很實際的選項，而是應

該把標準放在彼此間沒有惡性業力糾葛，讓自己與對方如同天平一樣的放在平衡的兩端，當兩人都沒有彼此虧負、沒有惡業牽絆時，兩人的結合就會產生團結的力量。即使剛開始時兩袖清風，但憑著堅貞的信念，也會開創出屬於你們兩人的江山。很多人擇偶時並不知道對方會不會成爲天子或天女，但最後他們擁有幸福的婚姻生活；很多人處心積慮想擠進豪門大戶，最後卻是兵敗如山倒狼狽不堪。「巧遇」是緣分，「經營」才見眞感情，與神對談也是如此，務必要求幫你指引的是已經撥開的眞感情，而不是中看不中用的假緣分。

想得賜良緣，一般筆者會建議找金母娘娘，也就是西王金母。祂是屬於道家神系中的自然神，屬於西方的自然界神聖能量，語彙關鍵詞是「擁有最終美好的結果」，全省各地的金母娘娘廟非常多，但還是要提醒大家幾點：一、以香火鼎盛的大廟爲主；二、以可燒紙錢的廟爲主。

求良緣的四品禮物

1、花果燭一份（花以粉紅百合爲佳）。
2、四色金三份。
3、補運錢三十支。
4、解厄錢三十支。
5、黃錢、白錢各二十支。
6、巾衣、甲馬各十支。
7、壽生蓮花十二朵。
8、往生蓮花十二朵。
9、刈金二十支。
10、功德單一張。
11、稟文一份。

拜拜步驟

拜拜的程序一樣是先呼請引導神或玉皇大帝，再入廟稟告主神金母娘娘。接著依序稟報配祀神，最後稟告詢問四品禮物是否足夠，之後便可燒化紙錢，一一答謝神明之後打道回府。

注意事項

1、求賜良緣時，通常神尊都會要求至少去三次以上，因此，每一次去時都要準備上述的紙錢前往。

2、稟報時要記得強調：求賜今生良緣，沒有業力糾葛，相互扶持白頭到老，同心助善共乘道法。

3、稟文上要寫上你的姓名、出生年月日、住址以及所求何事、四品禮物名稱，稟報時逐一唸誦即可。

4、個人自行辦理時，由於缺乏法師從旁引導開文，因此，務必要呼請引導神前來協助。

想要旺夫成龍當貴婦，怎麼拜才有效？

「旺夫成龍」主要是站在女性的角度來說的，至於**貴婦的標準，應該是建立在「知足常樂」的準則上，貴婦指的不只是多金，還要家庭和諧、丈夫同心、子女賢孝**。道理看似簡單，其實做起來也不難，把心放在全然的滿足上，想像著與家人共同擁有百元的快樂、想像著與家人共享千元、萬元的快樂，並且從金錢中抽離出來，想像著擁有美好的家庭、家人，金錢的價値才能變得眞正有意義。因此，團結的夫妻可以創造出無限可能的財富，同床異夢的夫妻，即使坐擁金山銀山最後也是分崩離析。

對於貴婦的想像，並不是來自於從頭到腳名牌的包裹，而是來自於自我成就家庭的結果。一個女人在結婚後必須要有一個體認，那就是妳並非只是嫁給一個男人，跟他成立一個兩人家庭，而是妳加入了一個家族，這個家族的過去種種和未來種種都與妳息息相關，成敗盛衰也是由妳自己本身掌握。

因此，在婚前諸多可能選擇的家族中，唯有小心的避開與妳產生最大業力的家族，選擇進入與妳有最大恩情的家族，相對而言也才比較容易成爲貴婦。即使剛結婚時丈夫只是一個窮小子，但因妳與家族間的良性互動，會使得彼此因相知相惜而不斷進步成長。至於該如何選擇？對於前世的業力狀況，每個人都是懵懂無知的，要如何選擇才是正確的，這時不妨藉由引導神的安排，請祂在現實環境中出現可供參考的實事，以作爲妳選擇的依據。若是已經嫁爲人婦，則可藉由本節所述，祈求化清自己與夫家間的業力關係，那麼要當一位快樂的貴婦自然是事半功倍的事情。

就像我的一位朋友一樣，她的原生家庭中，媽媽成天打麻將，爸爸是一位沉默的市府清潔員，唯一的哥哥成天只想修佛成道不事生產，妹妹則爲了家計到酒店當服務員。她自己在未婚前一直是百貨公司的專櫃小姐，她對她的原生家庭一直很不滿意卻也無力改善，她常常夢想有一天可以擁有一個自己的家庭，她有自信可以把她未來的家庭打造成她想像中的幸福生活。

在一次朋友聚會中，她認識了一位外表不甚起眼的男人，趁著酒意兩人發生了性關係，那一次的意外懷孕改變了她的未來人生，男方條件並不優，對他的瞭解也不夠深入，但是因爲腹中懷有小生命，於是，她竟把懷孕和她想像中的美好家庭連結，在草率的決定下兩個人辦了一場沒有親友的公證婚禮，貿然成立了所謂的家庭。

婚後丈夫酗酒個性不變，放著現有的工作不做，每天呼朋喚友飲酒作樂，更糟糕的是她嫁進去之後，才知道他們現在住的房子正在法拍中，換言之，她和她的小孩未來可能會淪落無處可住的窘境，爲了這事她更加積極的督促丈夫工作賺錢，但是丈夫好吃懶做成性，酒醉時夫妻爭吵還會暴口動粗，生產時她的先生在外酗酒，因爲酒醉駕車撞倒人被警方拘留，她抱著出生不到二十四小時的兒子，騎著摩托車一路從桃園到台北市幫丈夫保釋，風塵僕僕的她想到她的過去種種，迎風飆淚好不淒涼。

她的婚姻家庭並不比她的原生家庭好多少，甚至在婚姻家庭中她扮演著一肩扛起萬斤擔的角色，而丈夫就像她另一個不努力、不用功的孩子，她也曾經想過離婚，但是她又捨不得像孩子般的老公，也認爲她只要再努力一下就可以還清房貸，最後在無路可走之下，她選擇找老天爺試試機會，就如同本書所寫的，她逐步接引導神，在引導神的牽引下，去請呂仙祖幫她作主度化夫妻間的業力關係以及她與夫家間的業力。

拜神求事時，很多人都怕花很多錢燒紙錢，卻又希望從神那裡得到最多的幫助，但是當她明白拜神是一個公平的交易平台，並深刻地體認到紙錢的多寡對她的幫助會有多大時，她開始認命地揹著她的孩子幫人做家庭清潔，並把存下的錢全部用來作爲消化業力之用。一開始她並沒有得到多大的感應，丈夫仍然是一蹶不振，直到某一次酒醉晚歸的丈夫攤在客廳嚎啕大哭，她從夢中驚醒跑到客廳，聽著丈夫半醉半醒的跪在她面前說他明天開始要好好做人，她詫異丈夫的醉話，事實上相同的話她不知在夜半醒來時聽過多少回了，但她隱約還是抱著一絲絲的希望。

隔天一大早起床時，丈夫已經不在客廳了，她沒打電話追問丈夫的下落，心想又是一篇無濟於事的空話。但那次丈夫卻連續失蹤了兩週，她無從得知丈夫的下落，兩週後丈夫回來了，從口袋裡掏出一疊鈔票給她，羞赧的說要她以後在家帶小孩，不要再出去幫人做清潔工了，家裡的開銷他會完全負責。

她接過丈夫第一次給的家用，不知道是該笑還是該哭，剛滿周歲的兒子還在牙牙學語，這時竟然踉蹌的走到丈夫身邊，稚氣地叫了一聲爸爸！丈夫抱起兒子，眼中泛著淚光，此時的她終於忍不住的流下淚來。

之後的幾年，他們擁有自己的貨車，開始自己當老闆幫人運送貨物，由於丈夫的勤奮和她的熱心招呼，慢慢的也擁有了一家小規模的貨運行，而她心裡始終存疑那天晚上，丈夫為何絕口不提他嚎啕大哭此後轉性的事情，但她認為這是她的眞心祈求產生了具體的力量，至於丈夫的祕密，她想有一天終究會從丈夫的嘴裡聽到。

呂仙祖又名孚佑帝君，是八仙之首，在道教中被視爲三教之師。所謂三教是指儒教、道教、佛教，爲何他被稱爲三教之師？主要是因爲呂仙祖提出「養命修眞」的成仙之道，祂認爲生而爲人，首要是固守三綱五常、各盡職守，完成人的本分，如果可以恪盡己責（儒學），必能從中體會格物致知天人合一的道理。當身體老化腐朽時，靈魂可因爲人時不斷的淨化而得以超昇（佛學）。因此，祂認爲一個人若是可以深諳養命修眞的道理，就可以在肉體尚未老化之前，跳脫人道回歸天道，稱爲「羽化昇仙」。在道家中有多位神尊都是透過羽化昇仙而提昇神格，例如呂仙祖、保生大帝、天上聖母等等，這種觀念和佛教來世成佛的說法完全不同，而在精神層次的昇華上也更是高之一等。

呂仙祖不僅是仙家道學之師，同時司職家庭守護神的任務，根據一般野史的記載，呂仙祖未婚修道，又稱爲純陽眞人，祂眼見世人均因家庭、家族業力而受阻滯困惑，以致精神靈魂無法提昇進入永恆之道，於是化身爲家庭的守護者，以其願力幫助、守護願意相信祂的眾人。一般人都不太知道呂仙祖的法力無邊之處，只知道一般戀愛男女不宜入廟參拜，其實這是對呂仙祖的所知誤解，如果知道祂的神威對遇難人們是如何的慈愛，相信在祂的守護之下，每個人的家庭都會獲得極大的庇佑。

求賜家庭和諧、財運提昇的四品禮物

1、花果燭（拜完後要求呂仙祖賜花緣，允諾後將所拜之花攜回）。
2、四色金六份。
3、和合金三份。
4、壽金十支。
5、刈金二十支。
6、福金二十支。
7、黃錢、白錢各二十支。
8、巾衣、甲馬各二十支。
9、天庫、地庫、水庫各五十支。
10、壽生蓮花三十六朵。
11、往生蓮花七十二朵。

12、壽生元寶三百六十顆。
13、九品蓮花一組。

拜拜步驟

1、拜拜的程序一樣是先呼請引導神或玉皇大帝，然後入廟稟報主神孚佑帝君，之後依序稟配祀神，再稟告詢問四品禮物是否足夠，最後便可燒紙錢與答謝神明。

2、稟報孚佑帝君時要將個人和配偶的名字、出生年月日、住址說清楚，接著要詳細的說出現在家庭中的障礙為何，例如夫妻感情、經濟條件、家人不合等等，然後請求孚佑帝君作主，以其神威法力助你所求之事圓滿順利。

3、紙錢全部燒好後，要再回來擲筊請呂仙祖賜你「花緣」，讓你將花帶回家中供奉，如同呂仙祖親臨庇佑全家，若是得一聖筊代表仙祖答應，若是得一負筊就必須再次請求。

4、得到「花緣」後，再次向仙祖道謝，並祝香火鼎盛，便可收拾供品返家。

注意事項

1、帶回去的花供到枯萎就可以丟掉，不用煩惱該不該丟的問題，一般來說帶回去的「花緣」，可放置的時間會比一般的花期更久。

2、所謂的「花緣」，指的是與呂仙祖間的協議，這是仙祖當時的願力之一，當時祂曾說：「凡以香花供我者，當以此花為緣，如我親臨當令圓滿。」因此，花是信徒與呂仙祖間的一個親密的默契。

3、家族業力也關係著妳是否能當貴婦，但因這部分需要有法師從旁協助，因此無法在本書中教大家。在拜仙祖時，可向仙祖祝禱，請祂指引消化家族業力之路，未來能有機會得遇良師代為處理。

4、本節所寫的紙錢數量為一次之用，下次再拜時，仍須準備相同的數量，建議一年至少做三次以上。

國家圖書館出版品預行編目資料

好神引導，一拜見效 ／王品豊著 . -- 初版 .-- 臺北市：春光出版：家庭傳媒城邦分公司發行，2011（民100）
面 ； 公分. --

ISBN 978-986-120-982-1（平裝）

1. 祠祀　2. 祭禮　3. 民間信仰

272.92　　100014781

好神引導，一拜見效（全新封面版）

作　　者／王品豊
企劃選書人／劉毓玫
責 任 編 輯／劉毓玫

版權行政暨數位業務專員／陳玉鈴
資深版權專員／許儀盈
資深行銷企劃／周丹蘋
業 務 主 任／范光杰
行銷業務經理／李振東
副 總 編 輯／王雪莉
發　行　人／何飛鵬
法 律 顧 問／元禾法律事務所　王子文律師
出　　版／春光出版
台北市104中山區民生東路二段 141 號 8 樓
電話：(02) 2500-7008　傳真：(02) 2502-7676
部落格：http://stareast.pixnet.com/blog
E-mail：stareast_service@cite.com.tw
發　　行／英屬蓋曼群島商家庭傳媒股份有限公司城邦分公司
台北市中山區民生東路二段 141 號11 樓
書虫客服服務專線：(02) 2500-7718・(02) 2500-7719
24小時傳眞服務：(02) 2500-1990・(02) 2500-1991
服務時間：週一至週五9:30～12:00・13:30～17:00
郵撥帳號：19863813　戶名：書虫股份有限公司
讀者服務信箱E-mail: service@readingclub.com.tw
歡迎光臨城邦讀書花園　網址：www.cite.com.tw
香港發行所／城邦（香港）出版集團有限公司
香港灣仔駱克道 193 號東超商業中心 1 樓
電話：(852) 2508-6231　傳眞：(852) 2578-9337
E-mail : hkcite@biznetvigator.com
馬新發行所／城邦（馬新）出版集團【Cite(M)Sdn. Bhd.(458372U)】
11, Jalan 30D/146,Desa Tasik,
Sungai Besi, 57000 Kuala Lumpur, Malaysia.
電話：(603) 9056-3833　傳眞：(603) 9056-2833
E-mail：cite@cite.com.my

封 面 設 計／黃聖文
內 頁 排 版／浩瀚電腦排版股份有限公司
印　　刷／高典印刷有限公司

■ 2011 年（民 100）9 月 6 日初版
■ 2023 年（民 112）6 月 1 日二版1.3刷

Printed in Taiwan

售價／260元

城邦讀書花園
www.cite.com.tw

ISBN　978-986-120-982-1
EAN　471-440-290-290-2

廣	告	回	函
北區郵政管理登記證			
台北廣字第000791號			
郵資已付，免貼郵票			

104台北市民生東路二段141號11樓

英屬蓋曼群島商家庭傳媒股份有限公司

城邦分公司

請沿虛線對折，謝謝！

愛情・生活・心靈

閱讀春光・生命從此神采飛揚

春光出版

書號：OC0060X　書名：好神引導，一拜見效（全新封面版）

請於此處用膠水黏貼

讀者回函卡

謝謝您購買我們出版的書籍！請費心填寫此回函卡，我們將不定期寄上城邦集團最新的出版訊息。

姓名：______________________

性別：□男　□女

生日：西元________年________月________日

地址：______________________

聯絡電話：________________　傳真：________________

E-mail：______________________

職業：□1.學生 □2.軍公教 □3.服務 □4.金融 □5.製造 □6.資訊
□7.傳播 □8.自由業 □9.農漁牧 □10.家管 □11.退休
□12.其他 ______________________

您從何種方式得知本書消息？

□1.書店 □2.網路 □3.報紙 □4.雜誌 □5.廣播 □6.電視
□7.親友推薦 □8.其他 ______________________

您通常以何種方式購書？

□1.書店 □2.網路 □3.傳真訂購 □4.郵局劃撥 □5.其他 ____________

您喜歡閱讀哪些類別的書籍？

□1.財經商業 □2.自然科學 □3.歷史 □4.法律 □5.文學
□6.休閒旅遊 □7.小說 □8.人物傳記 □9.生活、勵志
□10.其他 ______________________

請於此處用膠水黏貼